近江商人に学ぶ

サンライズ出版 編

もくじ

改訂版発行にあたって……7

第一章　感謝の気持ち……11
仏の心で商品と情報を届ける／感謝の気持ちは社会のために／「近江商人」と呼ばれた人々

第二章　仏の心で商いを……21
不道徳な商行為は禁止／商売は菩薩《ぼさつ》の業／ためによい

第三章　「世間よし」は感謝の気持ちから……33
「三方よし」を説いた文書が発見／際立つ「世間よし」
「地域のおかげ、社会のおかげ」を実践

第四章　薄利多売がモットー……45
世界共通の正しい商売／薄利多売の背景／流通コストを下げた諸国産物回し
第五章　市場開拓の原点――てんびん棒……57
商いのシンボル「てんびん棒」／行商で得る各地の情報
第六章　消費者ニーズを先取り……65
萌葱《もえぎ》色の蚊帳《かや》を創案した西川甚五郎
第七章　ネットワーク活用術……75
ロジスティックな概念／商人定宿《じょうやど》と委託販売制度

第八章　近江商人の妻の役割 …… 87
暖簾《のれん》／雇用と教育／調和のある主従関係／近江商人の教育
第九章　商品開発と地域の産業振興 …… 97
地域の産業振興と新商品開発／技術改良を重ねた「近江麻布」／北海道開発と缶詰／近代近江商人の開発商品
第十章　琴線にふれる販売戦略 …… 111
日本初のＣＭソング誕生／無料湯茶の接待と製造実演

第十一章　冒険心と知恵こそ商人の本分 …… 123
景気は商人がつくるもの／北海道開拓に挑んだ冒険心／
利益は地域開発に還元

附

近江商人が残したもの …… 135
豪商へ、はじめの一歩 …… 143
近江商人珠宝の商法 …… 149

改訂版発行にあたって

封建的社会体制の中、本店を近江に置きながら全国を商圏として活躍した近江商人の商法やその理念が近年、改めて見直されています。

自己の利益のため、会社の営利優先のためだけで、周囲のことを考えない行動、真理を覆い被せる卑劣な商行為などの続出に対し、社会全体が厳しく評価するようになってきています。こうしたできごとへの自戒からも近江商人の商法が再認識されるようになってきたのです。なぜなら、近江商人が主として他国で商いを行った背景には、自己の利益を求める以前に、商いの場所である地域の人々や社会のためになにをするべきかを最も大事にしたという事実があったからなのです。

本書の大部分は、滋賀県彦根市に本社がある総合スーパー等の株式会社平和堂のグループ報「はと」で社員のみなさんに向けて一九九八年一月から十二月まで連載されたものです。景気低迷を打破するために先人が歩んだ基本的な商売の精神を学び、日常の仕事の中で活かしてほしいという創業者夏原平次郎さんのお考えから出発した企画でした。

売上高を「ご奉仕高」粗利益を「創造高」と呼ぶ平和堂では、「地域第一、感謝の気持ちを大切に」の教えを守る経営を展開されています。滋賀県を中心に北は富山県、西は兵庫県まで一五〇店以上（平成三〇年現在）の店舗を持ち、平成一〇年には中国湖南省への出店を果たし、中堅スーパーとして堅実に成長しています。

地元の人は夏原平次郎さんのことを「琵琶湖で育った鮎《あゆ》」と呼びます。いつの頃からか滋賀県では、「近江商人」が「琵琶湖の鮎」にたとえられるようになりました。つまり、「近江商人は滋賀県で育った商人ではなく外へ出て行って成功した商人をいい、同様に琵琶湖で育った鮎は十センチくらいにしか育たないが、よその大きな川に出ると大きな鮎になることから、琵琶湖の鮎も近江商人も外に出て大きくなるが、滋賀県にいたままでは大きく育たない」というわけです。ところが平和堂は夏原平次郎さんが彦根市で創業以来、滋賀県で大きく成長してきました。夏原さんは「商売の神髄は近江商人にあり」というお考えがあり、先人の知恵や行動に学んでほしいということから本シリーズの連載となったのです。

本書は、当時の連載に加筆して誕生しましたが、改めて三〇〇年前の近江商人の商売の理念が今も通じる普遍的なものであることに驚かされます。ことのほか信仰心が篤い近江の土地から誕生した近江商人の理念や商法は、浄土真宗の教えに通じていますが、宗教の如何を問うことなく、自己中心の考えから勃発する企業の不祥事は、日本人が持っていた道徳心が忘れさられたような感じがします。

かつて、「近江商人が歩いた後にはペンペン草も生えない」と揶揄《やゆ》されもしましたが、愚鈍と思われながらも誠実に商いを行ってきた近江商人の姿に改めて見習うことが多いと思われます。

本書ではできる限り平易に近江商人が誕生した土地と、近江商人の商売への考えを紹介したに過ぎません。すでに「三方よし」という言葉が一人歩きしている昨今ですが、その理念の背景を少しでも学んでいただければ望外の喜びです。

滋賀県の中心には滋賀県全体の六分の一の面積を有する琵琶湖があり、どの時代もこの湖の存在が人々の生活に大きな影響を及ぼしてきました。近江商人の誕生や北海道に出掛けて商いを行ったことなど湖の存在と無縁ではありません。そして今、先人が慈しんできた湖との共生が大きな問題となっていますが、科学者の研究とは別に、新しい近江商人の出現が、より良い方向を見いだしていくのではないかという予感がします。

二〇一八年七月

第一章　感謝の気持ち

琵琶湖をとりまく滋賀県は、明治時代になるまで近江《おうみ》と呼ばれ、この近江の各地から全国へ商品を売り歩いて、確実に実績を伸ばしてきた商人が「近江商人」と呼ばれる人たちです。

日本の代表的な商人として、「大阪商人」があきんどの鏡のように言われ、また、東京の三越百貨店を創業した伊勢商人なども有名ですが、近江商人は他の地域の商人と大きく異なるのは、現代の商いにも通じる大きな意味を持っているのです。

仏の心で商品と情報を届ける

近江商人の商法で、とくに注目される基本行動として、仏の心で商品と情報を全国各地に届けたことにあります。五個荘川並町（現・東近江市）の豪商、松居《まつい》遊見《ゆうけん》は、人気《ひとけ》の少ない中山道を主として商いを始めましたが、この理由を「天秤棒を担いで、ただ品物を届けるだけなく、情報も届けている。これがお客様の暮らしにどれほど役に立つかわからない。」と語っています。つまり、商品と情報を届けると同時に、お客様のニーズを得るという行動をしていました。さらに「商品をお届けするのは仏の意思によって、自分が代行しているのだから、暴利をむさぼったり、質の悪い商品を、いい商品と偽って売るようなことはできない。」という理念を持っていました。この遊見の気持ちは、近江商人に共通のもので、正直に、よい商品を適正な価格でお客様に販売し、そして情報（サービス）を付けて、暮らしが豊かになるような努力を行ってきました。まさに現代に通じる商売の基本があったのです。

松居遊見（まついゆうけん）（1770〜1855）／神崎郡五個荘町川並（現・東近江市五個荘川並町）出身で行商から金融業に転じ、後続の商人へ出資したので近隣からは多くの商人が誕生している。屋号を「星久」といい、勤労精神を表す天秤棒と朝夕の星を象徴した屋印が有名。

感謝の気持ちは社会のために

お客様の立場に立って、いい商品をお客様が満足できる価格で提供し、真心を込めて販売することは、商いの本筋です。しかも売った側も正当な利益が得られることが商いです。これはどの商人も共通に心がけていたことですが、近江商人と呼ばれた人々は、さらに「世間よし」という理念を常に持っていました。つまり、売る人、買う人、双方が喜ぶという行為の上に、さらに社会的に正当な商いをすることを、彼らは共通の商売の理念としていたのです。昨今、企業倫理の凋落ぶりに対して、社会の非難や批判が大きくなってきていますが、近江商人は社会的な基本倫理を侵かすことなく、商いを継続してきたことで、現在もその理念や商法が手本とされているのです。「感謝の気持ち」を基盤として形成されてきた近江商人の基本行動の中から、現在の商売に活用できる多くのことを学んでいただきたいと思います。

商人の生活倫理を説いた鈴木正三と石田梅岩

封建時代、士農工商という身分制度のもとで商人が卑屈に生きることはない、商人の本分とは何かを唱えた人がいる。

一人は三河出身の禅僧の鈴木正三（一五七九〜一六五五）である。徳川家康・秀忠に仕えた武士であったが、大坂夏の陣ののち曹洞宗の僧籍に入り、身分制度がはっきりしていた時代に、職業とその倫理観を仏教の立場から考察し、商人を励まし勇気づけた。

「商人が身分制度の末端に位置されているとはいえ卑屈になることはない、商人が商人道に徹し、その道を歩んでいくことは、それは仏の道に通じる」と説いた。

近江商人の商いは、この説を体現したものであるといわれる。正三の高弟である三栄が晩年、滋賀県蒲生郡内で正三の思想の後継者としてひろく教えを広め、八日市や蒲生郡内で寺院を開山していることから、八日市や日野の商人たちの仏教信仰に何らかの影響を及ぼしたと考えられる。

一方石田梅岩（一六八五〜一七四四）は商人として日常生活を送っていたが、京都で町人たちに「心学」という学問を広めた。自ら著した『都鄙問答』で「商人の売利、天下お免しの禄なり」と記し、商品を売って利益を得ることは商人の道であるという。

元禄バブルが崩壊し、商人の営利活動を憎む風潮の中、商人が利益を得るのは武士が禄をもらうのと同じであるとして、商行為の正当性を説き、暴利を貪ることを戒め、商道の本質である「勤勉・誠実・正直」の精神に立ち返ろうと呼びかけた。

勤勉に励む心（労働と努力の価値）の重要性を説き、商人は商人らしく、ただひたむきに仕事に執心することが人格形成につながり、決して目先の利益やひとときの我欲に惑わされてはならないということを、梅岩は「〜らしく」という言葉で表現し、商人の職業道徳の指針を明確にしようとした。

「近江商人」と呼ばれた人々

近江商人とよばれた人々は、近江の国の限られた地域から生まれました。そして、その地域によってそれぞれ特有の商法を確立していきました。その中には現存する企業も多く、近江商人と呼ばれた人々の遺伝子が継承されています。

一口に「近江商人」といっても発祥した地域でそれぞれの特色がありました。

「八幡商人《はちまんしょうにん》」

現在の滋賀県近江八幡市を中心とした地域から生まれた商人で、徳川家康が江戸のまちをつくる時に協力を惜しむことなく貢献したので、東京・日本橋の堀留《ほりどめ》付近の一等地を与えられ、ここで商売を始めたのが、約四百年前のことでした。現在も日本橋の周辺には「近江屋」という商店が見られ、繊維を中心とした滋賀県出身の企業が多く存在しています。

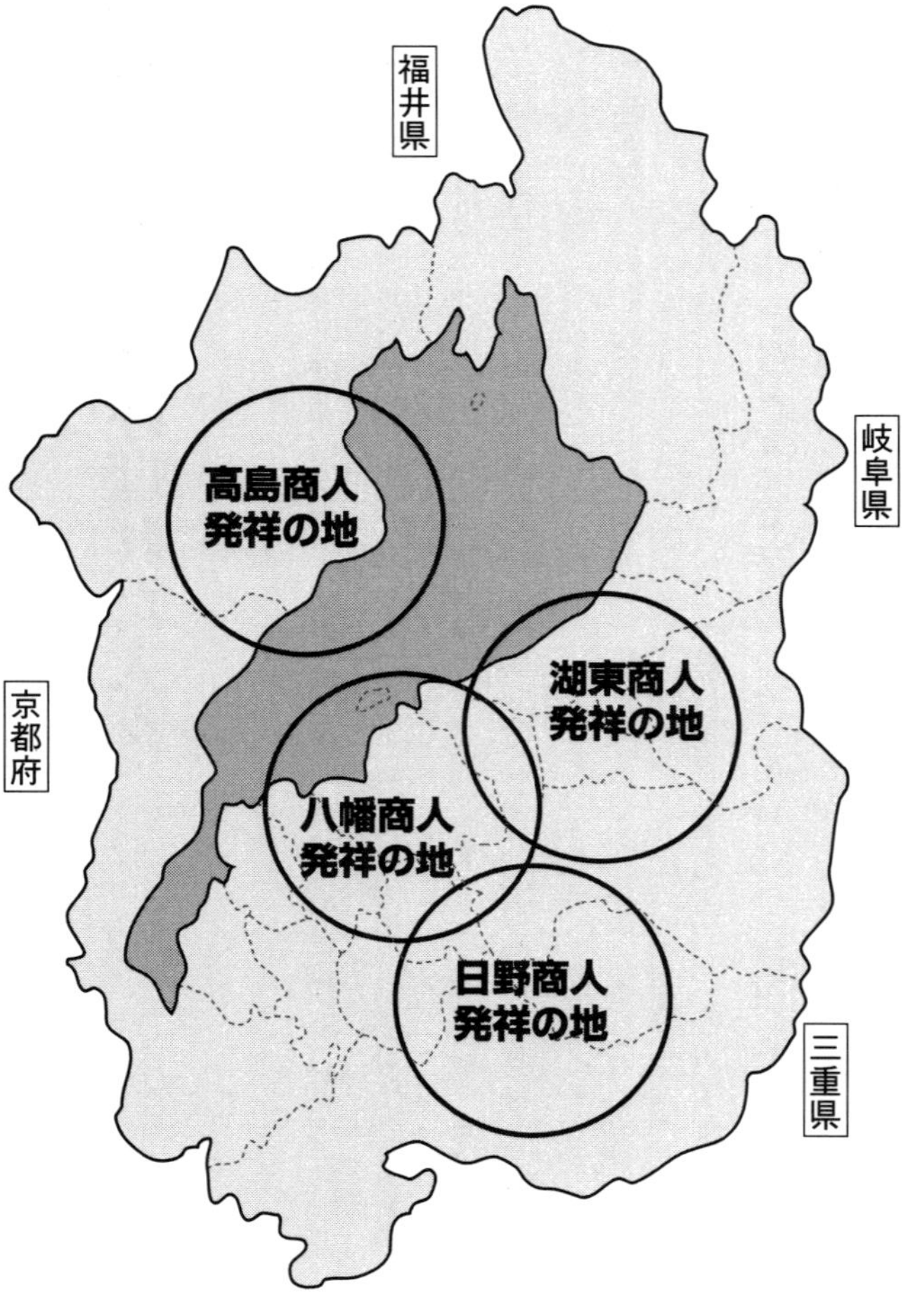
福井県
岐阜県
京都府
三重県
高島商人
発祥の地
湖東商人
発祥の地
八幡商人
発祥の地
日野商人
発祥の地

八幡商人の中には、遠く安南（現在のベトナム）に出かけた西村太郎右衛門や、北海道の漁場開発に大きく貢献した西川伝右衛門などがいます。

「高島商人《たかしましょうにん》」

湖西（琵琶湖の西部）の滋賀県高島市から、遠く盛岡にまで出かけて定住したのが高島商人です。高島から次々と盛岡に出かけていった人々は、盛岡を中心とする地域で大きな勢力を持つようになり、江戸時代中期には南部領の商権を一手に引き受けるまでの力になりました。明治維新後は小野組と称した小野一族が新政府の公金を預かり、第一勧業銀行（現みずほ銀行）の設立など、新政府の経済基盤を支えていました。しかし、その後の急激な政策転換に対応できずに明治七年（一八七四）に倒産しました。盛岡の村井一族は現在も同地の経済の中枢を担っています。

「日野商人《ひのしょうにん》」

滋賀県蒲生《がもう》郡日野町は、蒲生氏郷《がもううじさと》の城下町として、商工業が発達していましたが、氏郷が松坂に移されると同時に活気を失いました。しかし、やがて地場産業の日野碗《わん》や薬などを持って関東や東北への行商を始め、本拠地を日野に置き、出向いた土地で「千両店」といわれる多店舗展開を試みました。また、酒・味噌・醤油等の醸造業等に取り組み、その経営基盤は固く、現在も流れをくむ多くの企業が存続しています。

「湖東商人《ことうしょうにん》」

滋賀県東近江市、犬上郡豊郷町《とよさとちょう》などから生まれた商人を、湖東商人と呼びます。とくに江戸時代後期に活躍した商人が多く、明治維新後には近代的な経済・産業基盤の形成に大きく貢献しています。現存する繊維産業の基礎は、湖東商人によって築かれ、「ツカモトコーポレーション」「外与」「チョーギン」「ツカキ」など、京都・大阪・東京に各支店網を持つ企業は湖東商人が築いたものです。また、日本の総合商社の原型も彼らによってつくられ、「伊藤忠商事」「丸紅」の祖である伊藤忠兵衛は豊郷町の出身です。

第二章　仏の心で商いを

企業の倫理観が大きく問われている昨今です。商売をする人、社会の規律を定めて正しく遂行していく人、それぞれが、自分の置かれた正当な立場で行動をすることは、極めてあたりまえのことです。ところが、人間性を疑いたくなるようなできごとが次々と出てきています。いつの時代でも不正な取引を行う人や、あくどい商売をした人はいました。しかし「悪が栄える試しなし」といわれるように、永続するためには、正直な心とお客様への奉仕の心は何にも増して商売人として大切なことなのです。

不道徳な商行為は禁止

日野の中井源左衛門は、一代で大きな財産を築いた商売人ですが、彼は「人に不自由を与えたり、困らせるような商売をすれば、その時の商いで、たとえ利益が生まれたとしても本当の利益とはいえない。人を困らせたり、不自由をかけた上で利益を得るのは長続きするものではない」といっています。

つまり、喜ばれない商品を押しつけたり、新製品が間もなく発売されることがわかっていながら、従来の商品を無理やりに売りさばこうとするようなことを禁じています。こうした商売の方法は、その時は多少の利益を生んだとしても、永い期間を通じてお客様に喜んでいただける行為ではなく、商店自体の永続性がないことを説いています。

一方、東近江市五個荘金堂町の外村《とのむら》与左衛門家の心得では「価格は自然の成り行きで、たまには損をする事もあるかも知れないし、また一方で、得することもあるだろう。天災が起こったり、予期しない損失が生じたりすることもあるだろうが、悲観することはない。必ず、その後の対応策や改善によって、うまくいくこともあるだろうから」と平凡に努力して始末することが良いのであり、策を講じて儲けることを強く戒めています。

近江商人の多くは、小売り商人への商品の卸が主体の商売を行っていましたので、とくにお客様との取引の永続性を強く意識していました。したがって「損して得をとれ」という風潮で、ひとつの取引ごとに利益を積み重ねていくというよりも、長い視点で長期的経済合理性の原理にたった商いでした。

商品流通の操作によって生まれる差益に依存したり、投機的な取引に手を出すことは、つまらない商人のすることであるとしています。そして、商品が品薄になっても余分な利益を要求することはなく、また、たとえ天候が悪くても通常と変わらずに店を開けるなど、常にお客様の便宜を考えた商いに徹していたのでした。

秩父事件と近江商人

近江商人が他国で商いを行ったにもかかわらずその土地で排斥されることなく、むしろ歓迎された理由は、生産者も販売者も消費者をも含めた社会全体の幸福につながってこそ、はじめて正統なあきないが成り立つという考え、つまり「三方よし」の精神で商いを行ったからだが、他国で排斥どころか歓迎されていた格好の事例として、秩父の矢尾商店の例がある。

秩父一帯は養蚕製糸産業が盛んで豊かな生活を営んでいたが、明治一五年（一八八二）ごろから深刻な不況に直面し、多くの農家が高利の借金の返済不能におちいり、生活は非常に困窮していた。明治一七年、秩父に自由党が結成されると、以前から活動をしていた上吉田村の農民らが困民党を組織し、自由党員とともに高利貸しへの返済延長や村民税の減税などを要求する秩父事件が勃発した。武装した一万人近い農民が、高利貸しや豪商を襲撃、郡役所や警察などを占拠したが、軍隊の出動で鎮圧された。

当時、近江商人の矢尾商店は秩父きっての豪商であったが、焼き討ちされることなく、逆に困民党から開店をすすめられた。その背景には、矢尾商店の日頃よりの商いが、地元の人々に理解され評価された結果に他ならない。外来商人である矢尾家が地元に受け入れられることに心を砕き、他国者意識を忘れず、身持ちをことさら気遣ったのは正しい配慮であったといえる。このことは今も矢尾家の誇りとなっている。

寛延二年（一七四九）矢尾喜兵衛は、奉公の後に独立したがこの時、奉公先から創業資金の借財をした。その後百年間、報恩をこめて毎年百両を主家に納めたといわれる。矢尾商店は現在、矢尾百貨店グループとして秩父で地域一番店となっている。

商売は菩薩《ぼさつ》の業

総合商社伊藤忠商事の創業者である、滋賀県犬上郡豊郷《とよさと》町出身の伊藤忠兵衛は、時代の動向を的確に把握して、現在の総合商社の基礎を作ったことでよく知られています。不況に強いといわれる近江商人の中でもとくに、忠兵衛の行動は特筆されます。明治初期の「西南の役」後の不況や時の大蔵大臣松方正義によるデフレ政策の行使という苦境の中で、直接仕入れ、現金仕入れ、問屋機能の拡大などへの転換で苦境を見事に乗り切っています。さらに、いちはやく海外に支店を開設するという積極策を展開してきました。

初代伊藤忠兵衛（明治30年頃）

この伊藤忠兵衛の座右《ざゆう》の銘《めい》が

「商売は菩薩の業　商売の道の尊さは、売り買い何れも益して　世の不足をうずめ　御仏の心にかなうもの」

でした。商売は菩薩の仕事である、つまり仏様に成り代わって、世間の過不足をうめていく行為を行うのが商人である。したがって仏様の御心にかなうものでなければならない、ということとなるのです。

近江（滋賀県）は、富山県や福井県と同じく浄土真宗の門徒が非常に多い土地柄で、彼もまた熱心な信徒でした。いずれの近江商人も、共通してあつい信仰心に支えられて、「仏様の意思に反する商いは行わない。」という自覚を持っていたのです。このことが、近江商人の大きな特質です。

自分たちは仏様に変わって、遠隔地で困っている人びとに商品をお届けに遣わされている、という意識があり、世間が許さない不道徳な商行為を行うことは、仏様の信頼を裏切るのと同じこと、正直な商売を一生懸命に励むことが、御仏のお心にかなうことなのだ、という信念のもと、世間が認めない行為で商売をすることなどもってのほかだったのです。

道中厨子《どうちゅうずし》
　高さ12cm の厨子《ずし》の中に仏像が入っている。近江商人の多くが旅道中持ち歩いた。「仏様の意思に反く商いはしない」の心構えの象徴でもある

伊藤忠兵衛記念館

伊藤忠商事を創設した初代伊藤忠兵衛一〇〇回忌を記念して平成一四年（二〇〇二）に初代忠兵衛が暮らし、二代忠兵衛が生まれた旧邸を改築整備して一般公開された。初代、二代忠兵衛の愛用品をはじめ資料を展示し、繊維卸商から「総合商社」への道を切り拓いた足跡を紹介。明治四〇年代に作られた西洋風バスルームは、日本のビジネスを国際的に通用するように発展させた初代・二代忠兵衛の国際的な感性が感じられる。

伊藤忠兵衛記念館
　滋賀県犬上郡豊郷町大字八目一二八―一
開館時間　一〇時～一六時
休館日　月曜日（不定休もある）
入館料　無料
問い合わせ先　〇七四九―三五―二〇〇一
　公益財団法人豊郷済美会

ためによい

近江商人はお客様に不自由をかけない、困らせるようなことはしないということを主眼とした販売を行っていました。したがって、当然その商品が、偽造品や欠陥商品であるはずはないのです。ところが、あまりにも近江商人の活躍が目立ってくると
「近江商人の 売った蚊帳《かや》には天井がない」
というような言葉で他地域の商人から、からかわれるという状況になってきました。

結局は、一時的な中傷にすぎず、商品の品質がいいことは評判となり、適正価格での販売によって信用が増大し、それぞれの商店は繁栄をしていったのです。

販売する商人とは別に、滋賀県では、商品を購入するときに、ある一定の基本を持っていました。とくに耐久的な商品に関しては一層、商品の耐久性が購入の判断の基礎となっ

たのです。それは、「ためによいかどうか」という考え方でした。

近年の若い人には、地元でもあまり馴染みがなくなってきた考え方ですが、良質な商品かどうかという意味のほか、リサイクルができて、再利用もできるという意味も含んでいます。滋賀県の人は倹約家が多く、無駄な出費を多くはしませんが、一旦購入すると決めると、後々までも効率よく使用できるものかどうかの吟味を十分にしていました。

資源の有効利用や環境保全に対する認識が次第に深まる昨今、消費者は次第に先人のモノに対する思いを見直していくのではないでしょうか。ここに販売に関する戦略の何かが潜んでいるようにも感じられます。

第三章　「世間よし」は感謝の気持ちから

近江商人は、出向いた土地のすべての人に喜んでいただける商いの実行が何よりも大切であると考えていました。これは、売り手と買い手の関係を円滑に行うだけではなく、地域の人々に喜ばれる行動をしてきたことにあります。

こうした近江商人の商売のあり方は「売り手よし」「買い手よし」「世間よし」という言葉を用い、「三方よし」の理念と言われています。

「三方よし」を説いた文書が発見

滋賀県神崎郡五個荘町（現・東近江市）には、今も白壁が続く静かなたたずまいをみせる豪商の屋敷が残り、平成一〇年には金堂地区が「国の重要伝統的建造物群保存地区」の選定を受けました。また商人の足跡をたどる資料館などが開設され、五個荘商人の当時の姿を学ぶことができます。

この神崎郡石馬寺（現・東近江市五個荘石馬寺町）の商人であった中村治兵衛《じへい》宗岸《そうがん》が、宝暦四年（一七五四）に自分の孫（養嗣子）にあてた直筆の遺言文書が、平成九年に発見されました。「三方よし」の原史料であるとされるこの文書は長い間、研究者たちの間で発見が待たれていたものでした。

二四箇条からなる遺言文書は、三メートルにおよぶ長いものですが、その中に次のような内容のことが書かれています。

「…たとへ他国へ行商に出かけても、自分の持参した衣類等の商品は、出向いていったその国のすべての顧客が気持ちよく着用できるようにこころがけ、自分のことよりも先ず、お客様のためを思って計らい、一挙に多くの利益を得ることを望まないで、何事も天の恵み次第であると謙虚な態度であること。ひたすら商品をお届けした地方の人々のことを大切に思って商売をしなければならない。そうすれば、天道にかない、心身とも健康にくらすことができる。自分の心に悪心の生じないように、神仏への信心を忘れないこと。持ち下り行商に出かける時は、以上のような心がけが一番大事なことである。…」

明治時代になって、近江商人を研究していた井上政共氏が中村治兵衛家の遺言文を要約して「他の国に行商するも総て自分の事だけと思わず、その国の一切の人を大切にして、自分の利益だけをむさぼることのないように」といっています。これが、一般的に「売り手よし　買い手よし　世間よし」という近江商人の理念とされてきたのです。

白壁の商人屋敷が残る滋賀県東近江市五個荘金堂町

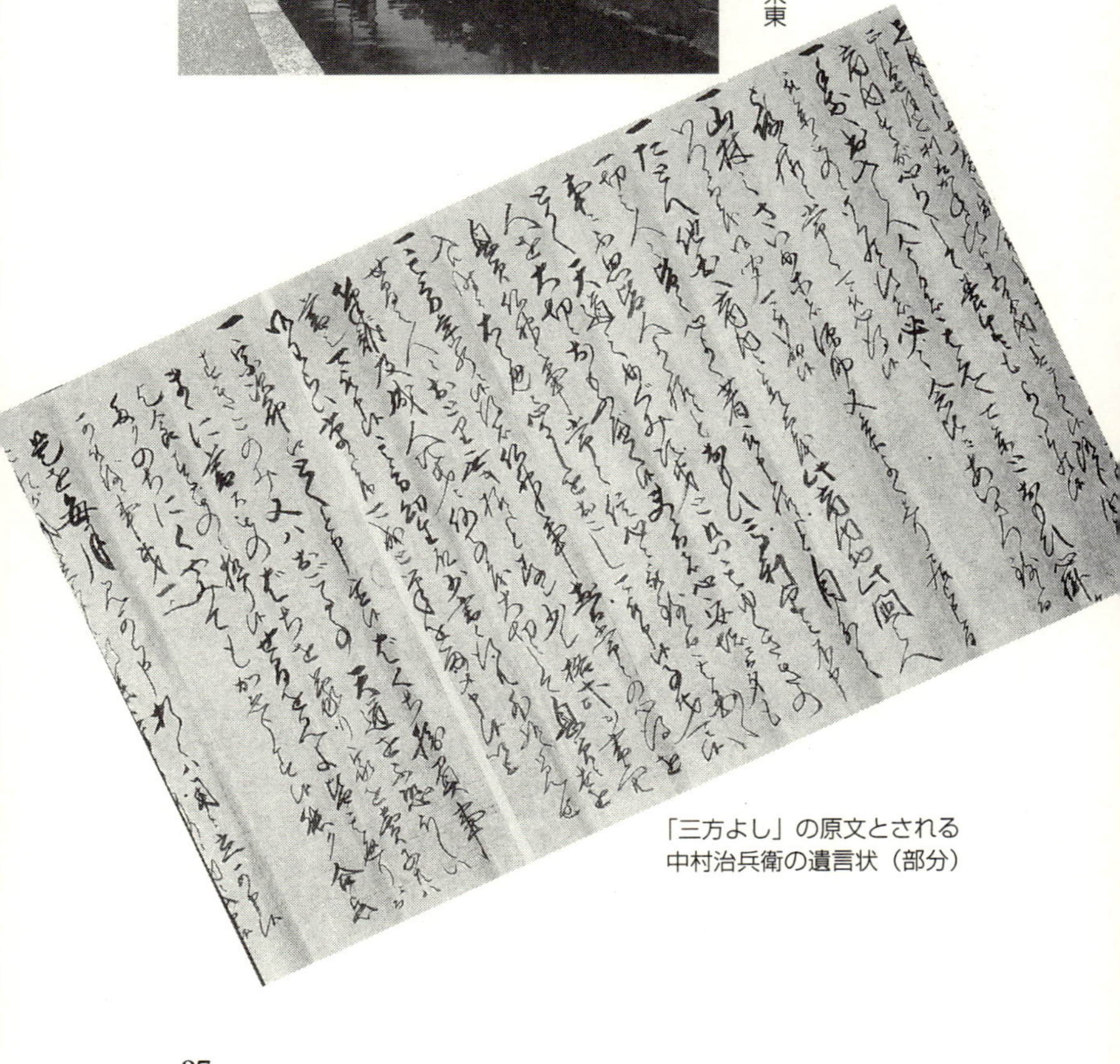

「三方よし」の原文とされる
中村治兵衛の遺言状（部分）

てんびんの里（東近江市）

中世の小幡商人の商業のノウハウの蓄積がある東近江市五個荘小幡町は、近隣に近江布の産地があり、土地の劣悪な環境の影響などが五個荘商人誕生の背景がある。後に大成した豪商も農業を専ら行い、活発な活動の時機が幕末以降であることから、町内には近江商人の本宅が随所に残り、平成一〇年に金堂地区が「国の重要伝統的建造物群郡保存地区」の選定を受け、散策に訪れる人々が多い。

てんびんの里の碑

五個荘町（現・東近江市）では、町ぐるみまるごと博物館を構想し、平成七年に新たな文化発信施設として「てんびんの里学習センター」を開設。この建物の三階に近江商人博物館があり、ここを核として周囲に点在する近江商人屋敷、旧外村宇兵衛家、外村繁文学館、あきんど大正館中江邸、歴史民俗資料館をサテライトとして公開している。各館を結んだまちなみを散策することで、近江商人や五個荘町の歴史を知ることができる。

近江商人博物館
滋賀県東近江市五個荘竜田町五八三
開館時間　九時三十分〜一七時
開館日　月曜、祝日の翌日、年末年始
入館料　大人三〇〇円
（四館共通大人七五〇円）
問い合わせ先　〇七四八―四八―七一〇一

際立つ「世間よし」

商いである以上、商品を売ったら利益を求めるのは当然のことです。損をするばかりでは商売になりませんが、「三方よし」の原典といわれる中村治兵衛の遺言状では一度に大きな利益を得ようとしてはいけないと諭しています。そして、商品を購入した人にとっても割高感のない「よい買い物をした」という気持ちになるような商いが大切なこととしています。売り手と買い手の双方が喜ぶことは商売の基本ですが、近江商人の場合は、さらに販売をしているその地域社会にとっても喜ばれる商いをすることを強調しています。

これが「世間よし」ということなのです。近江商人は、近江からほかの国に出かけて商いをしていたので、「世間よし」という考えを際立って大切にしたといえます。

江戸時代の封建社会は藩内での自給自足が経済の基本でした。したがって通常、藩から出て他国で商いを行うことは困難だったのです。ところが戦国時代以降たびたび戦火にみまわれた近江の国は、井伊家（彦根藩）や本多家（膳所藩）の他は、多くの小藩がひしめいていました。つまり、近江（滋賀県）では天領や飛び地といわれる領主の権力のおよばない地域が多くあったのです。ここでは直接、領主の支配がなく、地場産業を盛んにして商品を作り、他の国への販売網を広げていきました。近江商人の特色である「**諸国産物まわし**」は近江や京からの産物を地方へ持ち下り、さらに出かけた土地の産物を近江や京へ持ってきて販売をしたことにあります。出向いた藩では、自分の領地内で自給自足の体制を作っているところに進出してきた近江商人に対しては、本来は好ましいものではなかったのですが、現実には近江商人は、持って出かけた商品でその地域の産業振興を図るなどの経済貢献をし、大いに歓迎されていました。これが、「世間よし」とする商いの方法であったのです。

「地域のおかげ、社会のおかげ」を実践

近江商人の「世間よし」の考えを現実に実践したのが、利益を地域社会に還元したことでした。橋の掛け替え工事や常夜灯（今でいう街路灯）の設置などの経費を負担したという事実は多く残ります。なかでも有名な話としては、勝海舟が『氷川清話《ひかわせいわ》』の中で書き留めている塚本定次（東近江市五個荘川並町）のことです。

定次は思いがけなく利益が出た時、この利益の配分に頭を痛めていました。日頃から質素な身なりで贅沢もしない商人でしたが、その定次が、海舟に相談にやって来ました。利益の分配については、学校への寄付、従業員への配分、そして自分の所有地に桜や紅葉を植えようと思うが、どうかというのです。「少しばかりの土地を細切れにして分配するよりも、いっそ多くの人々が楽しめるものとしたい」と海舟に話したといわれています。この時、海舟は大いに賛同したと伝えられています。

利益を積極的に、地域の人々に喜んでいただけるために使った定次の信条は「商いで利益を得ることができるのは、自分の努力だけでなく、ご近所の人々の温かいご理解と協力があればこそ」というものでした。そのためにはご恩のある人に少しでもお返しがしたいという気持ちの表れが、荒れ地を公園に変えたのです。この塚本定次が日常、大切にしていた商売の方法は

①お客様の家の繁栄を願うこと。
②注文された商品はすぐに渡せるようにしておくこと。
③商品の吟味を厳重に行うこと。
④総体的に無理をしないこと。

であり、現代のビジネスに十分通用する姿勢でした。
この時植えられた桜や紅葉が、今は公園となり多くの人々を楽しませています。

治山・治水の父といわれた塚本定次・正之

塚本定次は父定右衛門の教えを守り堅実経営に勤め、事業を発展するとともに、地域社会のために多くの事業を行った。弟正次とともに「治水・治山の父」といわれ、滋賀県の山林のために二万円を寄付し、「この金がなくなる頃には山林も繁植するであろう。自分は見届けられないが、天下の公益のためなら仕方がない。五〇年先の仕事をしておくつもり」と述べている。

江戸時代の後期以降に激化した燈火用の松根の乱掘によって琵琶湖周辺にはハゲ山が多く、降雨のたびに山肌が洗われて大量の土砂を流出し、滋賀県の河川の多くは、川底が周囲の平野部より高い天井川となっていた。天井川はふだんは伏流水化して田用水を得にくくする一方、いったん豪雨となれば、たびたび堤防が決壊して人々の生活を重大な危機にさらしていた。こうした状況が深刻化した明治時代の中期、これを大いに憂い、治水の肝要は治山にあると確信し、砂防・植林の費用として滋賀県に莫大な寄付を行ったのであった。

植林による成果があらわれはじめた明治三八年（一九六五）二月、兄の定次が死去すると、兄弟を良く知る地元民が、それを惜しんで発意して神崎郡山上村（現・東近江市山上町）に兄弟に感謝の意を込めた頌徳碑が建てられた。その後滋賀県の力添えで次々と建立されたものの現在では、忘れ去られている。治山治水はもとより、学校の建設や道路の改修等の公共事業にも、莫大な私財をなげうち社会貢献を惜しまなかった多くの近江商人の活躍こそ、今日の豊かな滋賀県を築き上げた、重要な原動力のひとつであった。

第四章　薄利多売がモットー

永年、小売業の王座を占めていた百貨店が消費者物価指数の基準からはずれ、昭和四七年（一九七二）には、売上高が量販店に追い抜かれてしまいましたが、（旧）白木屋や高島屋という老舗系の百貨店は近江商人が創業したものです。これら百貨店も創業当時の商売は、正札掛け値なしで確実な商品を安く販売するという姿勢でした。

今や、薄利多売はスーパーや量販店の専売特許のように思われていますが、実は百貨店がその源であり、さらに近江商人は安く商品を販売して、その中から利益を得るために「しまつ」を基本とし、流通コストなどの経費削減に努めてきました。

世界共通の正しい商売

世界の商業史でいうデパートの始まりは、一八五二年にパリで、A・プーシコが「ボン・マルシェ」を創設したことであるといわれています。当時、西洋は封建主義経済から資本主義経済の社会へと移行する時代で、商工業の発展によって、農村から人口が都市に集中し、近代都市が形成されてきました。都市の人々の生活は忙しくなり、あちこちの店をまわらなくても、一カ所で物が買えるといいのにという、ワンストップショッピングへの欲求が高まってきていました。こうした人々のニーズに応えて、百貨店が誕生しました。「ボン・マルシェ」では、正札販売、返品自由を唱えて商売を始めました。かつては売り手と買い手のだまし、だまされの商売が通用していましたが、プーシコの「どなたにでも同じ値段で売ります。万一不良品だった場合には直ちに返品に応じます」という商売は、まさに商道（正道）にまで高めたといえます。

パリで「ボン・マルシェ」が誕生した一八五二年の翌年は、ペリーが浦賀にやって来て日本と通商を求めた年で、日本では明治三七年（一九〇四）になって、三越呉服店が最初の百貨店として開店しました。

老舗系といわれる呉服商などから出発した百貨店の創業時代には、このプーシコと同じ理念で商売を始めていました。三越呉服店は、延宝元年（一六七三）に江戸で三井高利が越後屋呉服店を開業したことが始まりですが、三井高利は店頭に「げん銀、かけ値なし」という看板を掲げました。また、大丸や高島屋も開業した時の店則には、「先義後利栄《せんぎこうりえい》」とか「良品を廉価で販売、正札掛値なし、顧客の待遇を平等に」などという同様の店則が残ります。正しい商売のあり方は、世界共通のものであったことがわかります。

先義後利栄
大丸百貨店は、大丸呉服店として下村正啓によって創業。大正九年に百貨店となった。創業者の店是が「先義後利」である。近江八幡の西川利右衛門家の家訓は「先義後利栄」となっており、「義理人情を第一と考えよ、利益追求は後回しとすることが商売繁盛となり、やがて利益が生まれ、その家は栄える」という。大丸の店是を現代的に解釈すると「消費者の便宜を何より優先して考えることが大切であり、こうした商売を追求していくことによって、利益は後からついてくる」という内容である。

越後屋呉服店の看板。「現銀、無掛直」の文字が見える

近江商人の百貨店経営「白木屋」と「高島屋」

全国を商圏に活躍した近江商人の中から、やがて新しい時代に入ると従来の呉服商を基盤としながら次第に量販店経営に乗り出してきた人たちがいる。

日本で最も創業が早い百貨店が「白木屋」であり、長浜出身の大村彦太郎が寛文二年（一六六二）に日本橋二丁目に創業したことに始まる。それから一〇年後に三越百貨店の前身「越後屋」が創業している。

大村彦太郎の創業以来の店則は「商いは高利をとらず、正直に良き物を売れ」というもので、明治三六年（一九〇三）には座売りを廃止、その後エレベータを設置するなど常に最先端を走る百貨店経営を展開してきたが、昭和三〇年代には株の買い占めによって東急日本橋店となり、平成一一年（一九九九）には、三三六年の歴史を閉じた。

白木屋の創業から遅れること一五〇年後に創業した高島屋は今や日本有数の百貨店として各地に支店を有している。

飯田新七が「たかしまや」の屋号で天保二年（一八三一）に分家独立して呉服商を始めたことが現在の百貨店高島屋の創業である。京都で米屋を営んでいた飯田儀兵衛は、生まれ育った高島郡南新保村（現・高島市今津町）の地名から屋号を「高島屋」と名付けていたが、福井から京都の呉服屋に奉公していた新七の働きぶりを見込んで娘の婿に迎えた。しかし新七は米屋の経験がないことから義父と相談して同じ「たかしまや」の屋号で古着、呉服を商った。京都で始まった高島屋は、一九八九年には百貨店として初の一兆円の売上げを計上し、日本最大の百貨店として現在に至っている。近江商人の出店が多い東京日本橋高島屋では、毎年「大近江展」が開催され滋賀の物産の展示即売が行われている。

薄利多売の背景

近江商人が活躍を始めた江戸時代中期以降は、世の中が不況の時代であり、また近江商人が市場としていたのは東北、北関東、北陸、山陰という経済的に後進地域であったため、商品の価格設定も低くおさえる必要がありました。おおむね、当時の近江商人の荒利益率は二〇％以下という状況であり、流通コストや販売にかかる経費の切り詰めを余儀なくされていました。多くの商店の家訓や店則に「しまつしてきばる」という意味の言葉が残されていますが、お客様のためを思う販売には、おのずと経費を最低限におさえる必要があったのです。

さらに、近江商人は卸売りが中心であり、相手も商人です。したがって、大きな信用を得るためには、より正直な商売が求められていました。どのお客様にも平等な価格で、うそ偽りのない吟味した商品を提供し、さらに掛値のない価格設定が商売の基本でした。

「正直」という大変簡素な家訓は、五個荘石馬寺村（現・東近江市五個荘石馬寺町）の中村武右衛門家のものですが、もともと麻布製織を副業としていた中村家は、信州方面への行商が商いの始まりで、三代目の時代に花開きました。中村武右衛門の商品は、品質が安定し、値段もかけ引きなしの取引であったので、各地の小売商は安心して商品を求めることができたといわれています。正直であることが大きな信用を得ることとなりました。信用を重んじた中村家には、次のような話が残されています。

卸商である中村武右衛門が同業者からわずかな預かり金を受け取った時でも、必ず預り証を相手に渡したといいます。たとえ、相手が不要といっても「もし私が死んだら他の人が知る由もなく、預けた人の損になる。それは自分の家の信用を落とすことになると思うから受け取ってください。」と言って、預り証を受け取ってもらったと言います。

近江商人は極端に経費を切り詰めてまで、良質の商品を安く提供してきたので、日常の生活は質素に徹し、行商の旅でも無駄な出費をせず、ケチと言われながらも、価格を低く押さえる努力をしてきました。価格が低い分、どうしても大量の商品を販売する薄利多売が基本だったのです。

流通コストを下げた諸国産物回し

昭和四〇年代に入ると、流通革命という旗印を掲げて登場したスーパーや量販店は、大量に物を流通させて物価を安くしました。そして、物流の整備はマスメディアの発達と相まって、消費生活に大きく貢献してきたのです。ここには物を安く提供するという固い志があり、さらに、従来、日本の商習慣になかったセルフサービスの導入などで、「安く買えるメリットがある」という提案を、消費者が受け入れてくれました。流通業は、単に物を仕入れて販売するだけでなく、産地と消費者との間に立って、良い商品を安く販売するため、物の流れの仕組みを変えることに努力してきたのです。

多くの量販店の創業者は、人々の生活が少しでも豊かになるように、安い商品を全国くまなく歩き回って仕入れ、値段の低い商品を一点一点、頭を下げて販売してきました。この商法の原点は近江商人の**「諸国産物回し」**です。これは、上方《かみがた》（現在の京都・大阪）

や近江（滋賀県）の地場産業の産物を関東や東北を始めとする全国へ販売し、さらに販売先でつくられた生糸や紅花など各地の産物を仕入れて、上方や江戸に送り込むという商法のことで、現在の商社活動と同様の行動を展開していました。

陸路や海路を通じて上方から運ばれた商品を「下《くだ》し荷」といい、上方や近江に運ばれた地方の産物を「登《のぼ》せ荷」といいます。

北海道では、近江商人によって漁場を開拓して水産加工品を上方に運び、輸送にはチャーター船を組織しています。仕入れと販売を無駄なく組み合わせ、輸送コストを合理化して、都市型商品とともに文化を送り込み、地方の商品の仕入れによる産業の育成に貢献しました。

現在でいう産地直送の商品ルートを海運を通じて開発し、後進工業地域には技術支援を行い、そこで生産された商品を消費地に供給するという、遠隔地間での商品流通に大きく貢献したのです。

お正月のおせち料理に、ニシンや数の子が登場する背景には、近江商人の諸国産物回しという商法が大きな貢献をしてきたのです。

松前渡海船　東北・北海道にわたり漁場を開いて海産物を輸送した。
写真は西川伝右衛門が近江八幡市の円満寺に奉納した額

第五章　市場開拓の原点——てんびん棒

近江商人の旅の装いとして紹介されるものに、道中合羽《がっぱ》と振り分け荷物とともに、肩に担いだてんびん棒があります。近江商人は、卸売りが主体でしたから、実際はてんびん棒で担げるぐらいの商品の販売ではなかったのですが、商売を始めた頃は、誰もが肩に担いだ荷物を売りさばくことから始まりました。自分の努力で得意先を見つけることが商売の原点であり、創業当時の苦労をてんびん棒と共にいつまでも忘れないようにと、大切にしている商家もまた多かったのです。

商いのシンボル「てんびん棒」

後に豪商となった近江商人の多くも、商売の最初はわずかな資金を元手に、出身地の近江（滋賀県）や近隣の産物や商品を仕入れて、関東や東北をはじめ全国に行商に出掛けたことから始まっています。行商を行う時の道具らしきものは、てんびん棒だけで、振り分けられた商品を、遠くまで販売に出かけていきました。

小額の資本で商売をはじめ、つらい思いをして販路を開拓し、仕入れ先を開発する。こうした小商人時代のシンボルとして、てんびん棒は近江商人の精神的な象徴として親しまれてきました。成功しても行商の初心を忘れることなかれと「近江の千両天秤」ということわざが生まれています。

近江商人が使ったてんびん棒は、農家などで使われた一般のものより、細身で短く作ってあり、商家の入り口には「てんびん架」といわれるてんびん棒を収納する場所も作られています。第一章で紹介しました松居遊見の屋号は「星久」ですが、商標には、てんびん棒と朝夕の星を用い、勤労精神を象徴しています。

てんびん棒は近江商人にとって、自分自身の創業当時の一生懸命な気持ちを引き締める意味でも大切にしていました。そして行商をすることで、独自の市場を開拓し、自分自身のマーケットを作り上げながら、商人としての試練を経験してきました。

てんびんの詩／まあきゅりい・ぶっくす

近江商人を象徴するてんびん棒をテーマとした『てんびんの詩《うた》』が映画化されたのが昭和五九年（一九八四）です。

ここでは、近江商人の創業当時の苦労の様子が紹介され、一躍近江商人イコール『てんびんの詩』として全国に知られることとなりました。

学校を終えたばかりの少年が、鍋の蓋を一枚売るために努力をしながら、近江商人として成長していく過程が描かれています。

主人公の大作は、商家の跡取りになるための試練として鍋蓋を売ることを命じられたのですが、学校を出たばかりの少年には簡単なことではなく、何日も売れない日が続き、馬鹿らしくなったり、買ってくれない人を恨んだりしながらも、自分の都合だけで鍋蓋を売ろうとしていました。そして、ついには民家のそばの川につけてある鍋蓋を見て「これがなくなれば、きっとここの人は鍋蓋を買ってくれるだろう」と良からぬ気持ちになったのです。しかし、その時脳裏に、川に流れて行くたくさんの鍋蓋の幻覚を見ると、すぐさま鍋蓋を洗い始めました。この時のことを大作は後に、「この鍋蓋も苦労して売った人がいると思うと、急に鍋蓋がいとおしくなった」と回想しています。大作が鍋蓋を洗っているのを見た民家の住人が、鍋蓋を盗もうとしていると勘違いをするのですが、鍋蓋をいとおしく思ったと詫びる大作を許し、さらに「鍋を使う人の気持ちを考えずに、自分の商品を売ることしか考えていなかった自分を反省する」と言いながら一生懸命に鍋蓋を洗う大作から品物を買ってくれたのでした。大作はこの時のことを「初めてモノが売れた時、売る者と買う者の気持ちが通じないとモノは売れないということが痛いほど身にしみました」と語り、「商いとはええもんや、商人とはなんと素晴らしい仕事だと知った」と言っています。

この映画は、実際の企業経営者の実体験から構成されたもので、昭和初期の話ですが、近江商人の多くが、このようにモノを売るための努力を自分自身の体験から会得していったのです。てんびん棒が誇らしげに商家にかけられているのは、こうした体験の証といえるからなのです。

近江八幡市の西川利右衛門家に今も残るてんびん棒

行商で得る各地の情報

近江商人の行商は、人から教えられるものでなく、それぞれが独自で選定した商品を仕入れ、自分の販売方法で売り歩きながら、商売の方法を見つけていきました。行商で運べる商品は限られていましたので、なるべく軽量で高価な商品を扱うのが基本となっていました。

高田善右衛門は、裕福な家庭に育ちましたが、五両の資本金を元手に独立し、全国の市況をよりよく知るために行商を始めました。扱い商品には、軽量で高価な美濃（現在の岐阜県）の紙製のたばこ入れを仕入れて、紀州（現在の和歌山県）に向かいました。そして、紀州では蝋燭《ろうそく》の製造が盛んであること、さらに紀州有田地方では竹笠の需要が多いという情報を得ると、蝋燭づくりに必要な灯芯や需要の多い竹笠を地元の近江八幡や日野から仕入れ、大阪を経由して紀州で販売することに成功し、商売の基礎を作っていきました。

行商に出向いたのは、単に商品を販売するというだけでなく、それ以上に各地の情報をキャッチして、その土地の人々の商品ニーズを得ることに重点がおかれていたのです。

さらに、商品をお届けすると同時に各地の情報の伝達にも心掛けていました。前述の松居遊見は、商品と情報をセットにして、あまり商人が出向かない地域に出掛けることで、その土地のお客様に役立つ情報を提供し、自分自身の得たいと思う情報もまた、入手できたのです。

近江商人の商法として特筆される諸国産物回しには、創業当時の自分自身で確認した消費者ニーズと各地の需給のバランスの状況を確実に把握していたことが、後に大きな成果となっていったのです。彼らはバイヤーであると同時に販売員であり、自分の目と足と勘でマーケティングを行っていました。

第六章　消費者ニーズを先取り

萌葱色の蚊帳を創案した西川甚五郎

西川家の創業

滋賀県近江八幡市の中心部八幡堀付近には、豪商の屋敷が連なっています。とりわけ、大きな屋敷の西川甚五郎邸は、道路に面して壮大な構えを見せています。ここが、寝具の西川産業の発祥の場所です。

西川甚五郎家は、近江八幡市南津田で生まれた西川仁右衛門が一九歳で商売を始めた永禄九年（一五六六）を創業としており、現在も寝具の製造販売で大きなシェアを持っています。創業以来、約四五〇年の間、畳表や蚊帳《かや》・布団などを主たる商品として営業を展開してきました。

初代仁右衛門は八幡の町が開かれた、天正一三年（一五八五）に豊臣秀次の城下町である近江八幡に移住してきました。ちょうどその頃は、楽市楽座の方針が出たころで、新しい城下町は大変活気に満ちた時代で、天正一五年（一五八七）に八幡に店を開設したのが、本店山形屋のおこりであるといわれています。奈良の物産であった「奈良蚊帳」を北陸方面に販売したのを手始めとして、やがて近江表（畳表）も扱い、美濃（現在の岐阜県）や尾張（名古屋地方）へ行商を行い、次第に商売を広げ、ついには江戸日本橋に店を設けるまでになっていきました。

消費者ニーズをつかむ

西川家が扱っていた「蚊帳」の起源は、奈良時代以前であり、鎌倉時代の絵巻物である『春日権言記《かすがごんごんき》』では、白い蚊帳が描かれています。室町・戦国時代になると、当時の上層階級の人びとの間では、蚊帳が贈答品として用いられるようになってきました。

この蚊帳は紗《しゃ》を縫い合わせて作られた淡青色のもので、昼間もたたまずに垂れ下がった分だけをたくし上げて、竿にかけて使われていました。八幡では、戦国時代から蚊帳の生産が盛んに行われていましたが「八幡蚊帳」の評判が高くなっていったのは、八幡商人に

近江八幡市に現存する西川甚五郎邸

歌麿の浮世絵に描かれた「萌葱の蚊帳」

よって各地で販売されるようになってきたことが大きく影響していました。しかし、江戸時代に入っても、蚊帳を購入できるのは一部の人に限られていました。

二代目の西川甚五郎は、次第に町人との勢力が増大していく江戸の町で、武士を相手とする商売以外の需要拡大のために、庶民が住んでいる長屋などの地域でマーケットリサーチを試みました。ここで「蚊に悩まされてろくに眠れない」と嘆く長屋の人びとの声を聞くなり早速、積極的に蚊帳の販売を行ったのですが、商品は一向に売れません。

長屋の人びとにとって蚊帳は高価な商品ではあったのですが、それ以上に何か重要な売れない原因がありそうだと思案をするのですが、原因が追求出来ない日々が続いていました。

当時の蚊帳の材質は、紗から麻に変わっていましたが、麻布の生地のまま加工されており、見た目に美しいものではありませんでした。甚五郎は、売れない蚊帳の原因が、この蚊帳の色にあるのか、または購入する動機の中には「蚊に食われない」こと以上に、もっと違ったお客様のニーズがあるのだろうかとあれこれ、販売不振の原因を探っていました。

こうした時、江戸から本家である近江八幡に戻る道中で、大きな木の下で昼食を済ませると、峠を駆け上がってきた疲労から、いつしかうとうとと眠ってしまいました。やがて、目を覚まして上を見上げると一面に新緑に覆われた木々の鮮やかな光景に出会い、大きな感動を覚えました。そして、ここでハタと「そうだ、この色だ、この鮮やかな清々しい色を蚊帳に染色すれば」と直観したのです。販売不振の原因は「蚊に食われない」という機能重視のほかに、その奥に潜む「ゆっくりと眠りたい」という消費者の心理的欲求を満たしていないことに気づいたのでした。

近江八幡に着くとすぐさま、山中でみたあの「萌葱色《もえぎ》」に染色するように指示をしました。そして周囲に赤い布をほどこし、四方には金色の輪を付け、鮮やかな「萌葱の蚊帳」が誕生したのです。

甚五郎はこの時、商品を販売するためには、お客様がその商品に対して感じている深層心理の追求が非常に重要であることに気がついたのです。現在でいう、商品を販売するときに必要な「ソフトの付加」ということではないでしょうか。お客様に商品を押しつけて販売するのではなく、お客様が心の底から、その商品がほしくなる商品のご提供が必要であることを西川甚五郎は感じ取っていたのでした。

販売戦略にも工夫を

甚五郎の創案した蚊帳は萌葱色とまわりの赤のコントラストが人気を呼び、江戸で評判となりましたが、さらに、市中を「萌葱のかや〜」と大きな声を張り上げて販売をするという派手な販売戦略は、商品の価値に一層、拍車をかけて江戸市中で大きな反響となったと言われています。当時の俳句では、

「雨晴れて　声いや高し　蚊帳売り」

と詠まれ、また次のような小唄が作られていました。

一声を東《あずま》の町々に
残してゆくか山ほととぎす
空も青葉のすだれ越し
萌葱の蚊帳や、蚊帳や母衣《ほろ》蚊帳
涼しい風が来るわいな

文政年間に描かれた蚊帳売りの図（岳亭五岳／略画職人尽）

西川家の蚊帳や畳表を中心とした商いは、明治の頃まで大きく変わることはなく、第二次世界大戦後、人びとの生活様式が大きく変わっていった中でも、先人の独創的な商品開発の精神が受け継がれ、寝具の総合メーカー西川産業として発展を続けています。

第七章　ネットワーク活用術

近江商人の大多数は行商から身をおこしています。したがって多くの商人は、店舗を持たずに商売をはじめました。さらに、移動は歩いて、モノを運搬するのも、馬車や船に頼るしかない時代です。当然、保険の制度もありませんから、商品を遠くの土地に送るには、大変な危険がともなっていました。現在のように通信などによる情報伝達もない時代でしたが、近江商人たちは、巧みな情報のネットワークを築いて市場情報を獲得し、得られた情報を有効に活用してきました。

ロジスティックな概念

日本では、ロジスティックという言葉を単に「物流」の意味で使っていますが、実際には調達、生産、輸送、販売を最も適切な状況として活用する経営手法といえます。

昭和三〇年代の高度経済によって生産販売量が急増し、費用の上昇が続いた結果、物流システムということが盛んに言われるようになりました。そして、昭和四〇年代になると、物流センターの設置や物流機器の導入、革新的輸送機関の採用などが行われてきました。これらは「ハードによる物流革新」でした。この頃、大量仕入れによってコストを削減し、多くのチェーン店舗の展開で、大量の商品を販売していくというシステムが登場し、物流革命と言われる時代が到来してきました。

やがて、物流システムを高度に管理し、生産や販売と結合した物流情報システムが取り入れられるようになり、現在では物流を含んだ経営的なアプローチとして、ロジスティックという新しい概念が生まれてきました。

第四章で近江商人の商売の特徴として「諸国産物回し」を紹介しましたが、諸国産物回しによって、近江商人は流通コストを軽減し、現代の商社活動の原型を作ってきました。そして、産地で原材料を調達し、農村で家内工業を普及し、購買力のある地域で販売を 行ってきた近江商人にとっては、なによりも市場の情報を確実につかむことが商機を最大に生かすことができるポイントであったのです。このために、いくつかのネットワークづくりを試みました。

江戸時代後期安政元年（一八五四）に大老井伊直弼が水戸の藩士によって、桜田門外で殺害されました。「桜田門外の変」といわれています。この時の情報が、早馬によって直弼の居城のある彦根藩に届いたのは、決して速くはなかったということが伝えられています。ところがこの時、同じ情報が実に速く、滋賀県の東にある湖東町小田刈《こたかり》（現・東近江市小田刈町）の豪商小林吟右衛門家に届けられていたのでした。その書状には、

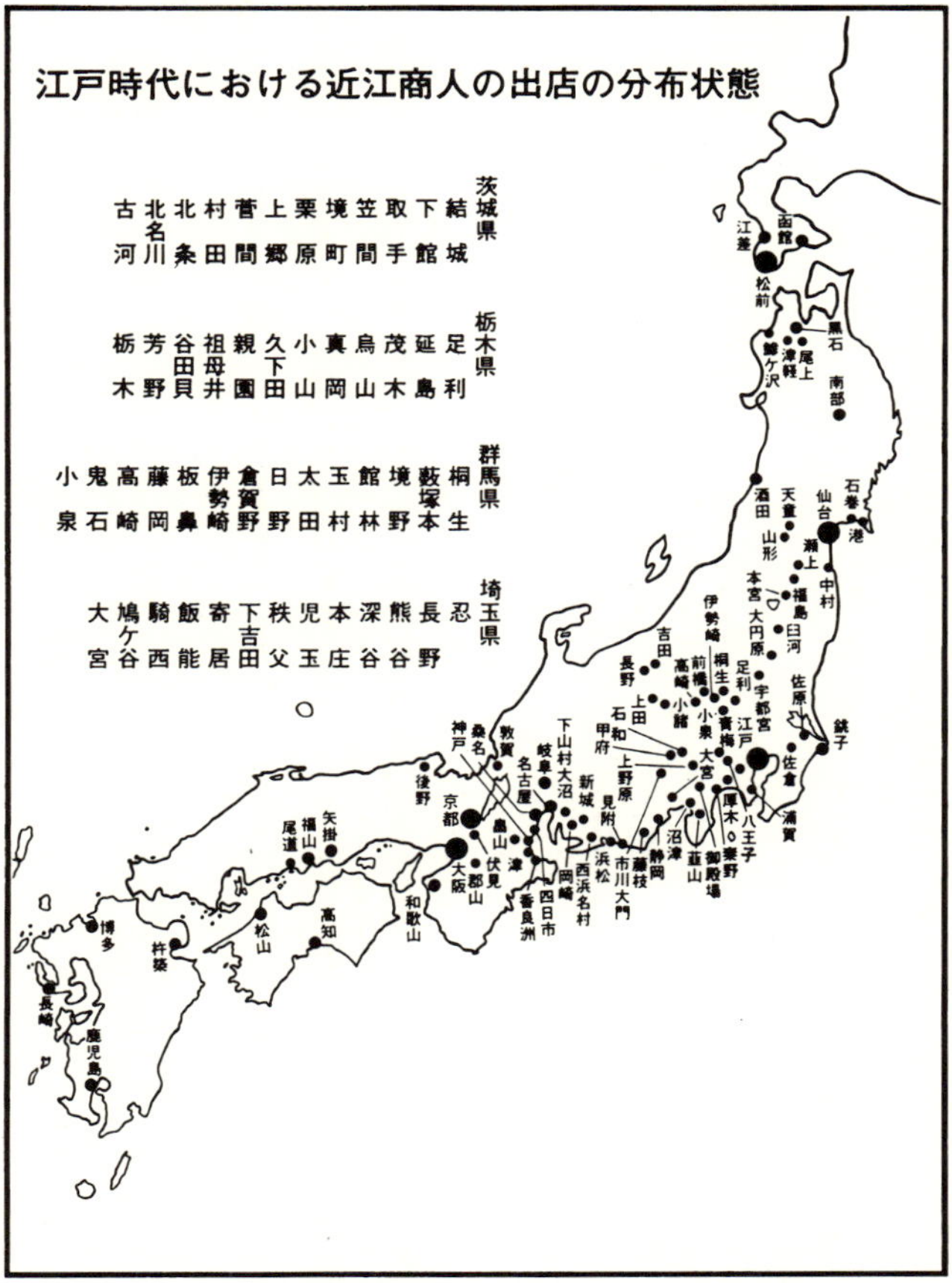

江頭恒治著『江州商人』より

「江戸の情勢はただならぬものがあり、当分は商品を送らないほうが良い」

と、事件の起こった江戸の状況と、さらにその対応策についても記載されていました。

案の定、江戸では、「桜田門外の変」後は水戸の勢力が台頭し、幕閣もこれになびき、井伊家の禄は一〇万石取り上げとなりました。

世情が不安定な時、いち早く適切な方針を示す明確さや情報の伝達力が、当時の近江商人の間では武家をしのぐものがありました。どのような方法で正確な情報が伝達されたかは明確ではありませんが、常に世間の動向を機敏に察知して行動する情報収集力と、判断力が作られていたのです。

近江商人郷土館

東近江市小田刈町にある近江商人郷土館（小林吟右衛門家）

チョーギンで知られる小林吟右衛門家の家屋と土蔵を改修して、昭和五四年（一九七九）に公開。近年まで当主が住まいしていたこともあり、館蔵品や建物の保存状態に優れ、近江商人の商業活動や生活様式を鮮明に伝える。川の水を引き込んだ川戸蔵や、隠居後の当主統括の場となった隠居蔵など当時のままに保存される屋敷は、近江商人の成長のようすを描いた『てんびんの詩（うた）』の撮影にも使われた。

小林家は、代々丁子屋吟右衛門を襲名し「丁吟」と称され、初代吟右衛門は、寛政一〇年（一七九八）に麻布の行商をはじめ、やがて繊維卸、金融業を江戸・大坂・京都で営んだ。二代目吟右衛門は、天保二年（一八三一）に江戸店を開き、その後繊維卸業、金融業を営み順次拡大し、彦根藩主より苗字帯刀を許され藩の御用商人となった。

明治には、横浜正金銀行・東京株式取引所の設立発起人となり、東京銀行（のちの近江銀行）小名木川綿布工場（東京）・治田鉱山（三重）近江鉄道の創設経営に参画した。大正一〇年（一九二一）にチョーギン株式会社に組織を改め現在に至っている。

商人定宿《じょうやど》と委託販売制度

江戸時代、近江商人たちは、東海道や中山道を利用して関東や東北へ移動していました。これらの街道には、「近江八幡商人定宿」「日野商人定宿」が決められていました。そして商人は、これら各宿場の特定の宿を示した「定宿帳」を携行して旅をしていたのです。

これらの宿は一般の旅籠《はたご》とは異なり、近江八幡や日野の商人がそれぞれ専用で利用していました。世襲（代々受け継ぐ）の主人が経営する定宿は、商人たちにとって、たいそう信頼のおける宿でした。

そして、この定宿が情報交換のポイントとなっていたのです。主人は多くの情報に通じ、一般的な世間の動きは当然のこと、さまざまな商業情報が宿に集まってきました。さらに、ここでは現金に替わる為替取引もできる機構となっていたので、商人にとっては利便性があったのです。

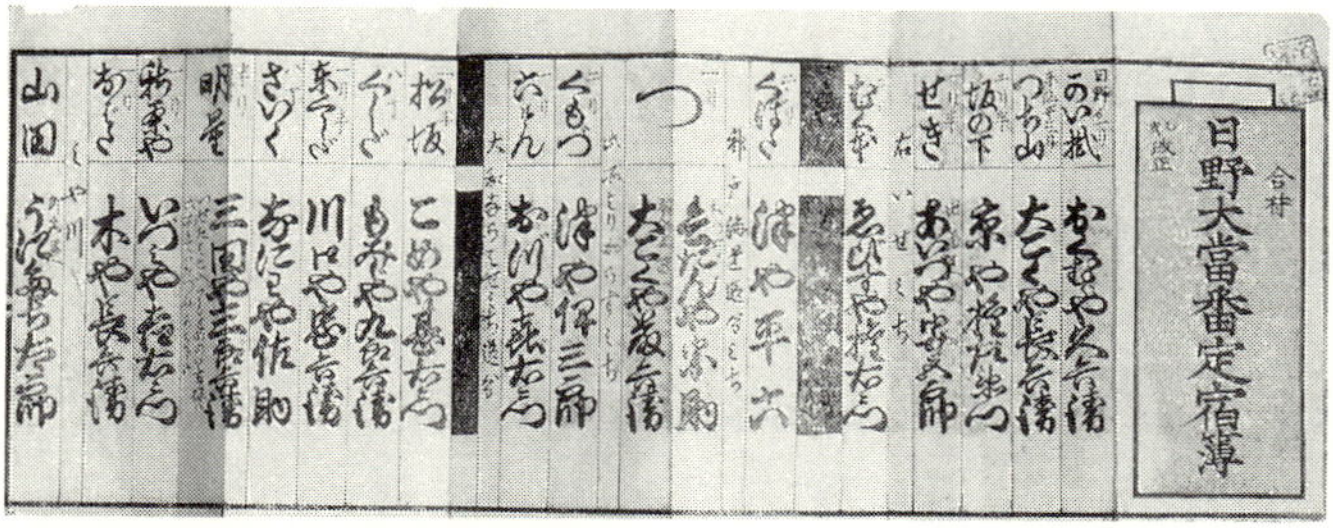

日野商人が携行した日野大当番定宿帳

日野商人定宿の看板

情報収集には、各地の出店も大きな役割を果たしましたが、いくら多くの支店網を張りめぐらせても限界があります。そこで、同郷の商人たちは、お互いに各支店を商品の保管などに利用しあい、現在でいう委託販売や、他商店の商品を代わりに販売する代理店方式を採用していました。当時の会計簿には「○○預かり」「○○預け」という記載があり、営業手数料や支払い手数料の記録をみることができます。とくに、後発の湖東商人の間では、さかんに委託販売の形式がとられていました。

いずれも商人間の信用がきわめて強く、お互いの信用を基礎に、誠意が貫かれていたのです。

日野で作られた**「万病感応丸」**は、近江商人の商品として有名ですが、この販売にも、同郷の商人の各地の出店を代理店として、販売するという戦略をおこなっています。酒屋であろうが、呉服屋であろうが、とにかく近江出身の商店を販売店として、看板を掲げていました。つい最近まで、北海道に特約販売店の看板があったというのですから、同郷人の結束は固く、また連帯感があったといえます。こうしたことが、江戸時代に素晴らしい情報ネットワークを作りあげることとなったのです。

近江商人は、製品の流通活動だけを行っていた商人ではなく、原材料生産も始めました。新しい技術を導入して織物や製薬の製造を行い、市場の需給を見定めた生産計画をたてて、その製品を全国に向けて販売する問屋制家内工業は、地元や全国各地での地場産業の育成に大きく貢献しています。流通と生産の二面性を持っていた近江商人にとっては、ロジスティックな経営手法がおのずと必要となっていたのです。

第八章　近江商人の妻の役割

企業が発展し、その活動範囲が広域にわたってくると、単身で赴任し、家族が別居という状況が生じてきますが、この単身赴任は、今に始まったことではありません。近江商人は関東・東北をはじめ、全国各地で商売をしていましたが、本宅はあくまで出身地に置き、妻子はそこに住んでいました。したがって家庭を持っても一緒に暮らすのは一年のうち一カ月くらいで、夫婦・親子が離れ離れの生活が常でした。関東に多くの人が出掛けていった日野地方では、主人のいない妻子だけの、一見わびしい生活を「関東後家《ごけ》」という言葉で表現しています。本章では、近江商人の妻の生活から雇用と教育について述べることとします。

暖簾《のれん》

滋賀県内に残る豪商の旧宅には、屋号を染め抜いた大きな暖簾が店の奥にかけられています。この暖簾は、商売のシンボルであると同時に、商売と奥向きとをはっきりと区分していた境界でした。

店のこと、つまり商売については、たとえ主人の妻であっても直接的には口出しをすることはなく、支配人や番頭が取り仕切っていました。しかし、奉公人の教育や躾《しつけ》、家としての財産管理は妻の役割であり、出店先からの金銭や商品のストックは、奥にある蔵に管理され、これらを取り仕切っていたのは主人の妻でした。今日「奥さん」と日常使われている言葉は、実は当時の**「奥わたし」**という近江商人の商業形態から生まれた言葉であるといわれています。

封建時代の社会では、女性の立場は低くみられていた傾向にありますが、近江商人の間では、「女性を商売に介入させるな」という店則はみられず、商売にかけては主人が最高権威者でしたが、雇用や店員教育、人事管理、財産管理の面で、妻の役割は大きかったのです。

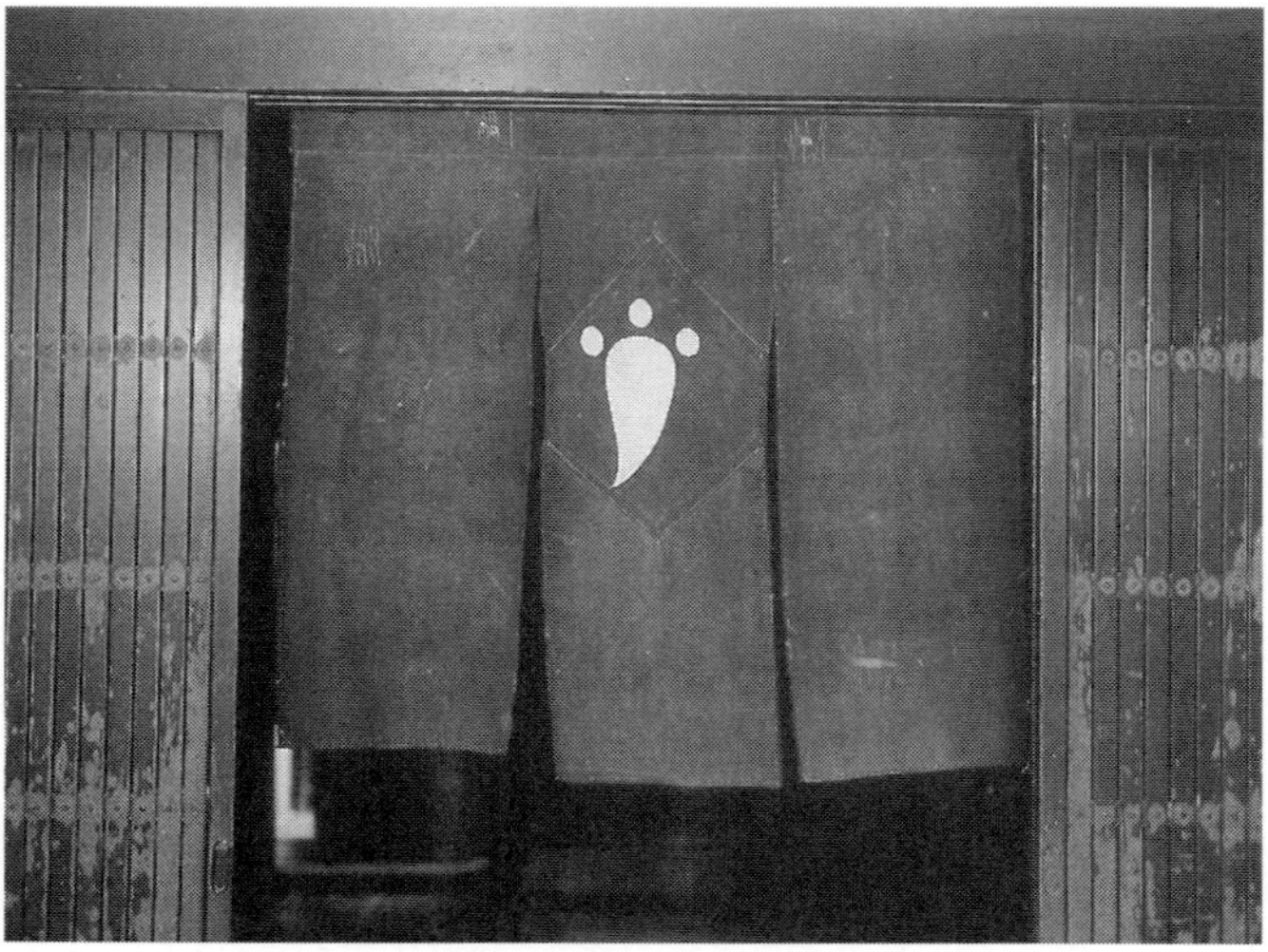
東近江市小田刈町にある「近江商人郷土館」小林吟右衛門家の暖簾

雇用と教育

近江商人の多くは、出店した地域では雇用することなく、店員は近江の出身者に限られていました。この伝統は戦後まで続き、近江商人が創業した関東の企業では、滋賀県出身者が大半を占めるという状況も少なくありませんでした。

埼玉県秩父市の矢尾百貨店は、寛延二年（一七四九）に醸造業を興《おこ》し、その後呉服商から現在は地酒「秩父錦」の製造とともに、百貨店を核として地域に密着した企業活動を展開しています。この矢尾百貨店では、最近まで役員と五〇歳以上の男子社員は、すべて滋賀県出身者という、近江商人の伝統を色濃く残している数少ない企業です。昭和四〇年代半ばに滋賀県での雇用の機会が増大する時期までは、滋賀県の高校を卒業した社員を採用していたという歴史がありました。

矢尾百貨店のような例は、最近では少なくなりましたが、江戸時代には、全国各地の出店先で地元の人を採用することなく、雇用は近江出身者に限られていました。

そして、全国各地に送り出される新入店員の教育や躾の面倒を見ていたのが、本宅の妻の役目でした。丁稚《でっち》見習いとして入店した一〇歳前後の子供に、しばらくは近江の本宅で商人にとって必要な「読み、書き、算盤《そろばん》」を教え、使い走りや子守・掃除などをさせながら、次第に商人としての性格や才能の適格性を見極めさせる店員教育の役割を受け持っていました。そして、この訓練期間に妻の眼鏡にかなった者が、各地の出店先に派遣され、さらに訓練を続けて、一人前の商人に成長していくのです。当時の雇用形態は、終身雇用ではなく、雇用期限が年数を区切って定められていました。この期間に見込みがないことが分かると、出身地に帰されて、元の百姓に戻っていった例も数多くありました。一人前の商人になるのは、決してたやすいことではなかったのです。

見習い期間を無事に勤めて、出店先で働くようになっても、五年間は実家に戻ることは許されませんでした。けれども勤務年限に応じて何年かごとに実家に戻る**「在所登り」**という制度があり、店からの土産や小遣いを携《たずさ》え、帰郷できるようになります。今でいうリフレッシュ休暇制度ですが、帰郷の際は、必ず主人の本家に出向き、主人あるいは主人の妻に挨拶をするのが習慣となっていました。これによって、主人の妻は本店にいながら、各地の出店の実情を把握することができたのでした。

近江八幡の旧家に所蔵されている針箱には、きちんと整理された糸くずや布きれをみることができます。そのかたわらには、きれいに刺繍をほどこした指貫《ゆびぬき》が大切に保存されています。針箱というささやかな生活用具にも、商家の女性のつつましさと豊かな感性をしのぶことができます。

暖簾から奥の一切をきりもりするという大きな責務を追いつつ、近江商人共通の徳目である質素、倹約を旨《むね》としつつも、感性あふれる精神文化を作ってきた妻たちの生活ぶりに、感動を覚えます。

針箱と丹念に刺繍をほどこした指貫

調和のある主従関係

封建社会とはいえ、近江商人の商家での主従関係は、極めて現代的な論理で運営されていました。市田清兵衛家の家訓では、店内での命令系統を明確にして、年長者や上司の命令には従うことを説いていますが、「商売向きに技量のある者を引き上げる」ことを容認し、抜擢《ばってき》人事のあることを示しています。しかし、「たとえ商売がよくできても、上司の命令に従わない者は暇を遣わす」という厳しいきまりを設け、下克上《げこくじょう》とならないような配慮も行っています。つまり、年長者や上司に対して絶対服従ではなく、「年長の人の言うことは、一度はよく聴き、その後その善悪を考え、善の方に従うべし」と、**「服従と道理の調和」**を示しています。

見習い期間には、厳しい教育や躾が行われましたが、商人として次第にその能力が認められてくると、店内の合議制で物事を進めていくというところに、近江商人の視野の広さ、先進的な気性をかいま見ることができるのです。

近江商人の教育

多くの近江商人が誕生した五個荘には、「時習斎」という寺子屋があり、ここでは、後に豪商となった高田善右衛門や藤井善助、松居遊見などが、幼年期に学んでいました。天保年間（一八三〇〜一八四三）には庶民の教養の蓄積が盛んになると、全国でも多くの寺小屋が誕生しましたが、五個荘では寛永一七年（一六四〇）に梅廼舍が、元禄九年（一六九六）に時習斎が開校し、全国的にも早い時代から寺子屋が存在していますす。さらにここで学んだ人も一校あたりの全国平均が六〇人に対し、五個荘では一一〇人と極めて多く、女性が多い事も特筆され、五個荘の人々の教育に対する熱意の高さを物語っています。旧家に残る書物は多岐にわたり、大成した商人の教養の高さは幼年期からの教育と文化サロン的な教養の場の存在が大きく影響していたのです。

明治になると学校教育が義務化され、丁稚を本宅で教育するという風習はなくなり、やがて近江商人系企業の幹部教育は高等教育に委ねられることとなり、早い時代に創設された滋賀県立大津商業高校や八幡商業学校では、高度な商業教育が実践され、多くの財界人を送り出しています。八幡商業高校は「近江商人の仕官学校」とも言われ、英文タイプライターの実習などが進み、卒業生は商社での即戦力として活躍しました。

第九章　商品開発と地域の産業振興

近江商人の商法の大きな特色として、各地の産物を自らの才覚で各地に売り歩いたことがあります。しかし、さらにその産物の生産工程にまでかかわっていたことが、他の商人と大きく違うところです。後に「日本の商社活動の原点は近江商人にあり」といわれたのは、原材料と製品の需給のバランスを図ってきた特色ある商法を指しているのです。

本章では、各地で展開した産業振興の実態と商品開発について紹介し、近江商人のＰＢ（プライベートブランド）商品開発の様子を探ってみたいと思います。

地域の産業振興と新商品開発

商人は商品を売るだけという考えに限定せず、消費者の要求に応じた商品を提供してきたのが、近江商人の商売の基本となっています。

比較的早い時代に発生した日野商人は、日野城主で文武両道に優れ、戦国武将として名高い蒲生氏郷の、産業振興政策の一端として開発された「日野碗」という塗り物を扱って、行商を始めました。日野町の近くには、紅葉が美しい臨済宗永源寺派の総本山永源寺の奥に、木地屋発祥といわれる君ケ畑・蛭谷《ひるだに》という土地がありますが、ここで作られた木地に塗りを施し、関東方面に売り始めました。今ではその姿を見ることが少なくなりましたが、木の碗は庶民の日常食器として多く使われ需要もあったのです。しかし、行商にはかさばり、低価格のため、これに替わって、次第にもっと効率の高い軽量な薬を販売するようになりました。日野出身の正野玄三の研究の成果で、万病感応丸が誕生すると、日野では盛

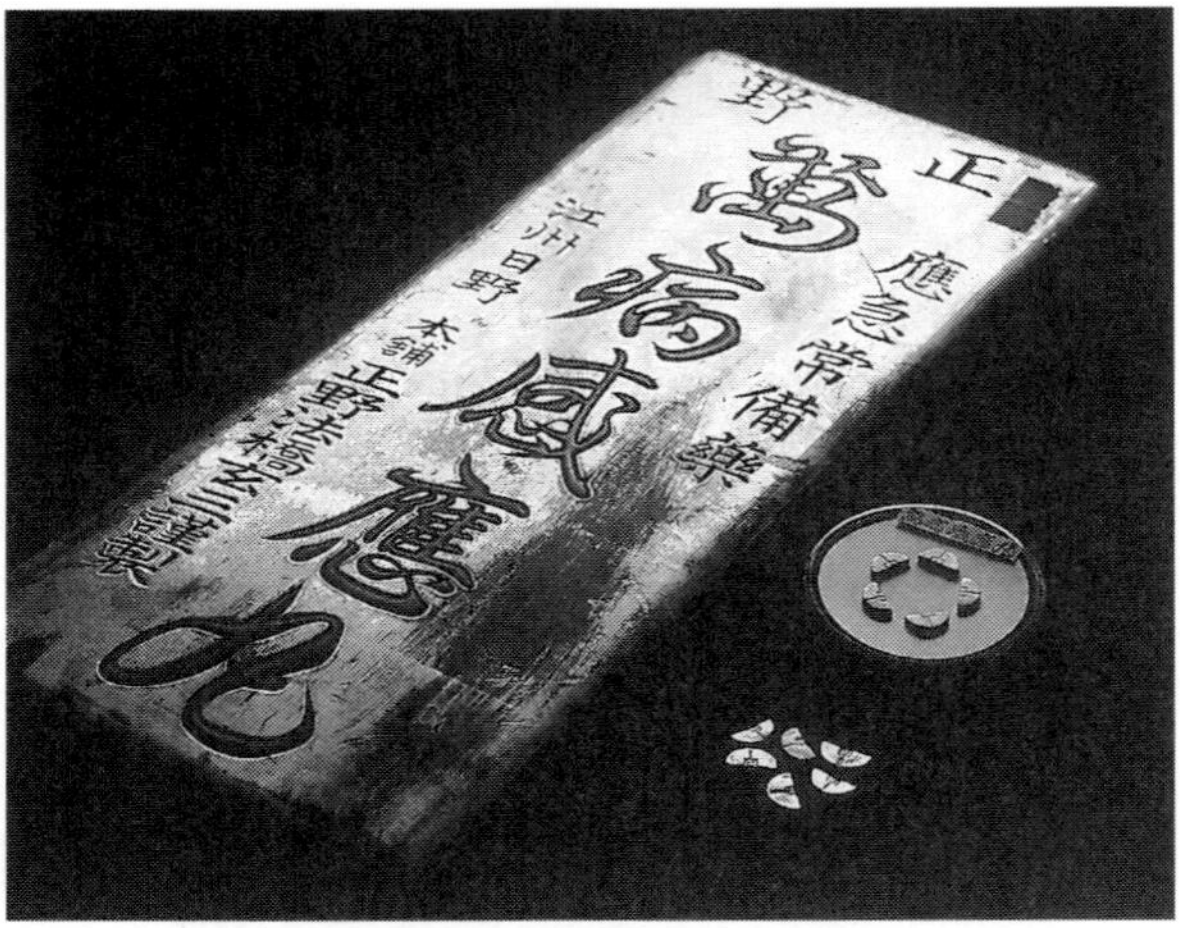

日野商人が扱った地場産業の「万病感応丸」

日野碗　蒲生氏郷がこの技術を会津に伝え現在の会津漆器が誕生した

んに製薬業が起こりました。そして、碗に替わり薬が重要な商品となっていきました。

このように、出身地の産業振興を図った例としては、六章で紹介した「西川家の蚊帳《かや》」や滋賀県湖東地方で盛んに製造された「近江麻布《まふ》」や産物回しの商法を活用した「小町紅」などがあります。一方、商売に出掛けた土地で、その土地の利を生かして新しい産業を興した例としては、前章で紹介した関東での醸造業などがあげられます。いずれも、近江商人の産物回しと呼ばれる商法を大いに活用し、消費者のニーズを巧みに取り入れた産業振興を自ら行うとともに、新たな商品開発を試みてきました。

技術改良を重ねた「近江麻布」

近江麻布は近江商人の代表的な持ち下り商品で、麻布の行商から身を起こして大成していった商人は少なくありません。近江麻布の歴史は、つまり近江商人の歴史とも言えるぐらいに代表的な商品であったのです。原料の青苧《あおそ》（カラムシ）を東北などからの「登せ荷」として近江に持ち帰り、中山道で二番目の繁栄を誇った高宮宿を中心とした湖東地域で、盛んに麻布《まふ》の生産が行われていました。

この麻布の生産を地場産業として興隆させたのが、中村治兵衛でした。農作業の暇な時期に、農業以外の副業として地域に定着させ、でき上がった製品を関東に持ち下って販売しました。当時の江戸は消費者が最も多い場所であったので、ここでの消費者ニーズを確実に取り込み、縮《ちぢみ》や絣《かすり》の製法を開発して、人気のブランド商品を開発していきました。

この近江麻布の生産には、彦根藩の国産振興政策によって品質管理機関を作り、不良品を

中山道高宮宿での高宮縞の製造の様子を伝える図（『木曽街道名所図会』から）

厳しくチェックする体制をとったことが、一層品質の良い商品づくりへと進展していったのです。

幕末には、人気の麻製品にさらに生産の効率化を図り、当時最も人気のあった拈綷《ひねり》の生産を、二〇分の一の生産アップの効率化ができたことにより大量販売への拍車をかけていきました。化学繊維の登場と生活様式の変化で麻織物の用途は大きく変わってきましたが、現在もその伝統を残しながら近代設備を整え、寝具を中心とした生産を高めています。

金剛苑（愛知郡愛荘町）では、原料の栽培から製品ができ上がるまでの工程を、伝統的な手法で生産を行っています。苑内ではこの状況を見学することができ、織物体験コーナーなどが設置されています。

北海道開発と缶詰

欧米で人気の出たカニ缶詰

年末から正月にかけて、全国各地の量販店では北海道の物産展が頻繁に開催され、どこの会場でも大盛況となっています。自然の味覚、異国情緒豊かな北海道の物産には人気のある産物が数多くあります。とりわけ人気が高いのは、カニやサケをはじめとする海産物です。今日では冷凍技術の進歩によって、どんな遠隔地でも生の新鮮な海産物を食することができます。しかし、江戸時代には、北海道の海産物の多くは燻製《くんせい》や干物として上方や江戸に送られていました。しかし、生が身上のカニは干物や塩乾物に加工することができず、漁師にとっては最も厄介なものであったといわれていました。明治時代になっても、小樽市内で一匹二銭か三銭という安価で売っていたのですが、それでも、売れ行きはよくなかったのです。

この安価でしかも味がよいカニに目をつけたのが、近江八幡の西川貞二郎でした。カニ特有の成分によって缶詰加工は容易ではありませんでしたが、硫酸紙を用いることでカニ缶詰の商品化に成功しました。日本で最初の「カニ缶」は欧米に輸出して大ヒットしましたが、当時の日本では、缶詰食品への不信感があったことが影響して、国内での販売は大きく進展することがありませんでした。明治一九年（一八八六）には、貞二郎は近江八幡に缶詰製造工場を設立し、琵琶湖産の水産物や野菜などの缶詰の製造を始め、缶詰食品が普及していくにつれ生産が拡大していきました。しかし、何といっても主流は「中一のカニ缶」でした。

「あけぼの印缶詰」のルーツ

この西川家「中一」のカニ缶と双璧をなすのが、北海道の場所請負で資産を成した藤野四郎兵衛家のサケ缶です。明治二〇年（一八八七）、二代目藤野四郎兵衛の二子辰次郎は兄から独立分家して、根室の官営缶詰工場の払い下げを受けて、缶詰事業を開始しました。明治二四年（一八九一）には五陵北辰の「星印」の商標を譲与され信用は倍増し、さらに

「星印」のサケ缶のラベル（豊郷町「豊会館」蔵）

向上心の旺盛な辰次郎は、海外視察やカナダ製設備の増強や生産システムに改良を加えるなどの積極策で、北海道缶詰業界の覇者となりました。

その後、辰次郎は衆議院議員となり、他に幾多の事業を展開しましたが、明治四二年（一九〇七）に死去しました。辰次郎亡きあと惜しくも事業継承ができずに、缶詰工場は日魯漁業に譲渡されました。活気的な生産方式で進められた藤野のサケ缶は、いまもなお「あけぼの印缶詰」として、その歴史が継承されています。滋賀県犬上郡豊郷町にある豊会館では、北海道の開発に活躍した藤野家の歴史とともに、「星印サケ缶」のラベルを見ることができます。

近代近江商人の開発商品

近江商人は商品を売りさばくだけでなく、同時に商品開発を手がけ、地域振興にも活躍してきましたが、近代になっても、この精神を受け継いだ人たちがいます。それが堀井新治郎と山岡孫吉です。

年末年始の挨拶として年賀状を出す風習は国民的な行事となりました。近年はパソコンで年賀状を作成する人が急増しましたが、一時、「プリントゴッコ」に人気が集まりました。このプリントゴッコはコピー機が普及する以前、学校や事務所、役所で活躍した「ガリ版」と親しまれていた印刷と同様の方式です。ガリ版は謄写《とうしゃ》印刷の通称ですが、いたって簡便な謄写印刷を開発したのが、滋賀県東近江市出身の堀井新治郎です。

堀井家は、麻布の行商からやがて、酒・醤油の醸造業の出店を設けた近江商人でしたが、明治には出店先を閉鎖し帰郷しています。明治一六年（一八八三）、堀井家に入った新治郎は製茶などの指導をする役人でしたが、当時の事務文書の作成が非常に煩雑であったことから、何か簡便な処理方法を開発する必要性を痛感していた時に、シカゴの万国博覧会で「エジソンのミメオグラフ」と出会ったことが発明のきっかけとなったのです。

帰国後は、土地家財を売却して上京し、新事業に取り組み、苦労の末、染物の置型の捺《なっ》染《せん》法にヒントを得て強力な雁皮紙に蝋を塗り、鉄筆で文字や図形を描く方法が完成し「謄写版」と命名しました。

東京神田に設立した堀井謄写堂は、全国にその販売網を広げ、さらに海外にまで拡大していきましたが、現在では印刷機器としての使命は日本では終焉し、新しい版画の分野で活用されています。平成一〇年には郷里東近江市岡本の旧邸が「ガリバン伝承館」として開館されました。

琵琶湖の北、長浜市高月町東阿閉《ひがしあつじ》に生まれた山岡孫吉は、小学校を卒業すると大阪に出て、いくつかの奉公先を変えた後に勤めたガス会社で、はじめてエンジンと出会いました。その後ガス発動機の修理を始め、エンジンの仕組みなどの研究に取り組み、農村部では電力不足によってガス発動機への依存が高かったことに着目したことによって、事業が成功していきます。

貧しい農家に生まれた山岡は、当時の過酷な農作業の労働の軽減に役立つものの開発への執念で研究を続け、昭和八年（一九九六）には小型ディーゼルエンジンが完成しました。さらに、現代でいうSOHO（スモールオフィス、ホームオフィス）を滋賀県北部に展開し、製造工場を郷里の各地を拠点をとした農村家庭工場を展開したのです。「百姓の伜だから、百姓が喜ぶものを作っていく」という信念のもとエンジンをますます小型化へと改良を続け、さらに労働力が豊富な郷里での雇用機会を創造していきました。

第十章　琴線にふれる販売戦略

低迷する経済状況の中、モノが売れない、売りにくいという状況が続いている昨今です。さらに、一般世帯では住宅ローンや教育費など、モノを買うため以外の支出が増加していることも、一層購買力の低下に影響を及ぼしています。購買欲求を増幅する手段は、さまざまなことが考えられます。さらに、同じ商品ならあの店で買いたいと思わせることも大きな要素となってきます。

本章では、近江商人の商品の販売手法や広告宣伝について紹介し、消費者の心の奥深くまで浸透していった販売戦略について、考えることとします。

日本初のＣＭソング誕生

薬草の宝庫と製薬業

滋賀県と岐阜県の県境にある伊吹山は、古来から薬草の産地として知られ、近江の人々はこれらの薬草を調合して家庭薬として用いてきた歴史があります。その後土産品として始まった売薬の製造は、やがて近江商人の扱い商品として全国各地で販売されるようになりました。また中山道や東海道の宿場町では旅人相手の店舗が栄え、評判は全国に広まっていきました。すでに紹介したように、近江の売薬は各地の近江商人の出店先を特約店として、その販売網を広めていったのです。

薬の販売方法の特殊性では、とくに富山の家庭薬の配置薬販売が有名です。各戸に定期的に訪問するという独特の販売方法や顧客の懐にまで深く浸透していった商いの方法は特筆するものがあり、現在も同様のシステムが全国に広がっています。

近江の地で土産品として薬が製造されるようになったのは、中世後期のことと考えられています。宗教の普及活動の一貫として信者のもとへ、神社におさめる金銭や穀物などをいただきに巡回した時に、その返礼の意味をこめて用いた「信教はら薬」や「朝熊の万金丹」が、滋賀県甲賀市の製薬の起源とされています。近世に入ってからは、日野地方の近江商人の活躍と密接に関係して、製薬業が盛んとなり、近江の薬が全国に広まっていったのです。

柏原宿の伊吹もぐさ

滋賀県の東端、中山道沿いに柏原《かしわばら》というかつての宿場があります。ここは、美濃国（現在の岐阜県）との国境のまちで、今も当時の宿場の面影を色濃く残した静かなたたずまいをみせています。平成一〇年に開館した「柏原宿歴史館」を中心として、旧中山道の宿場町をキーワードとしたまちづくりが展開されています。

滋賀県と岐阜県の境にそびえる伊吹山の麓のまち柏原宿で、もっとも当時の面影を残し

福助さんが見える柏原宿の図（歌川広重画）

ているのが、現在も伊吹もぐさの製造販売を行っている亀谷左京家「伊吹堂」です。街道に面した間口の広い店舗では、昔ながらの切りもぐさや現代人の好みにあった新商品のお灸などが販売されています。

店内には、当家のシンボルともいう大きな福助さんがデンと構えますが、一説によると、この福助さんこそ我が国でおなじみの「福助人形」の起源といわれています。江戸時代、この店に福助という名の非常に優秀な番頭さんがいて、店先にこの人の姿に似せた巨大な人形を置いたところ評判を呼び、同様の人形が各地に広まったとされます。歌川広重の描いた『木曽海道六拾九次』柏原宿の絵にも当家の福助さんが描かれており、歴史の深さを物語っています。また、最盛期には同じ「亀屋」という屋号のもぐさ屋が十数軒あったといわれていますが、現存するのはこの亀屋佐京家だけで、福助さんの「招福」の効果を思わずにはいられません。

六代目松浦七兵衛の販促

この亀谷左京家の六代目当主松浦七兵衛は、江戸は寛政の頃（一七八九〜一八〇〇）に江戸でもぐさの販売をしながら、効果的でしかも、全国的な販売戦略を模索していました。そして、行商や江戸での販売で得た利益を、江戸の吉原で、芸者や遊女をあげて遊ぶことに使っていたのですが、やがて馴染みが増えた時期に、宴席で亀屋左京のもぐさをPRする歌を歌わせるようにしむけたのでした。

「江州柏原　伊吹山ふもと　亀屋左京のきりもぐさ」

というもので、いまでいうCMソングの元祖であり、宴席で歌わせると同時に同じ歌を市中で、売り子にも歌わせて売り歩いたのです。おかげで、江戸ではすっかり伊吹の切りもぐさが有名になったのです。さらに、亀屋左京をテーマとした浄瑠璃を作り、各地で上演するという戦略まで打ち出したのです。

商品企画にあわせたイメージソングやテレビコマーシャルが作られるのは、いまでこそ珍しいことではありませんが、七兵衛は江戸時代にすでに、マルチメディアを駆使した販売戦略をおこなっていたのです。さらに、街道沿いの店舗は、ゲストハウスとでもいうのでしょうか、かなりの規模の庭園を造営し、大名などの休憩所として用いられていました。

江戸末期、皇女和の宮様が江戸に向かわれる行列は中山道の大イベントとして各地で数々の逸話が残っていますが、ここ柏原では、空前の交通量で一〇日あまりにもわたって、京都から江戸に向かう人の流れがあり、店頭の商品は底を着いたという話まで残されています。

無料湯茶の接待と製造実演

宝暦年間（一七五一～一七六三）に徳川家康の腹痛を瞬時に治したといわれる「和中散」を販売していた「ぜざい・和中散本舗」は、栗東市の東海道沿いに現存しています

ここは、草津宿に近く梅の木本陣ともいわれ、製造元の大角《おおすみ》家は、大名たちの休憩所としても使われていた建物で、現在は国の重要文化財の指定を受けている立派な商家です。

現在は製造はおこなわれていませんが、和中散本舗の店頭の間口は広く、常時旅人への無料の湯茶の接待をしていました。ここに立ち寄った旅人は、応急薬として評判の高い和中散を多く買い求めたといわれています。伊勢の赤福本舗でも、同様の接待をしたことが、よく知られていますが、大角家では、製薬機械を実際に動かして店頭で実演を行うという奇抜なアイデアが、当時の旅人にはたいへん喜ばれたといわれています。現在も、直径が四メートルもあろうかと思われる大きな製薬機械をみることができますが、この動輪がき

しみあって臼を挽くさまは、当時の人々にとって珍しいものであったと想像されます。

近江から他国に出掛けて商売をした近江商人は種々の販売戦略を展開してきましたが、近江の地で商売を行っていた商人たちも、常に全国市場を視野においた販売戦略を考えていました。地元の消費者だけを顧客と考えず、全国各地から京都と江戸の間を往来する人々が行き来する大きな街道が、近江を通っていたことが、その要因であったのです。

現在では、一般的となっている販売戦略が三〇〇年もの昔からのアイデアであることに驚かされるとともに、教訓として新しい販売戦略をつくり出していくことが、重要であることを教えてくれています。

大角家の製薬機械

『近江名所図会』から「ぜざい・和中散本舗」。店内での湯茶接待のようすがみられる

第十一章　冒険心と知恵こそ商人の本分

景気は商人がつくるもの

商業・流通の第一線ジャーナリストとして著名な緒方知行氏が、かつて「景気は商人がつくるもの」という論評を掲載されました。この中で「今日の状況を『不況』と言う者には明日は見えない。吹き荒れる嵐を避けて、晴れる日を待つしかないからだ。商売人は一時しのぎに価格を下げたりリストラしたりと、自らの価値を下げていることに気づいていない。商人に一番大切なものは**冒険心と知恵**、そして商品に対する愛着であったはずだ。そのすべてを捨てて商売をする者に明日があろうはずがない。いまこそ商人の本質に戻るときが来たのだ。この暗雲を払うのは商人しかないのだから」と前置きし、いま、社会の中で起こっている大きな時代の変化を確実に理解し、不況を理由に販売不振を語ることを止めて、時代の変化の本質を探れば、今の時代こそ大きな飛躍のチャンスであるという認識が生まれることを説き、近江商人の商売の原点を引用されています。

いままで述べてきました近江商人が展開してきた商売の理念を、現場で活かすことこそ、この混迷の時代を打破する大きな糸口となるのではないでしょうか。

消費税分を値引きした売り出しや、付加価値付きの商品券の販売などが大きな話題となっている昨今ですが、一時しのぎの売上高増では、本当の解決とはなりません。商売人の本当のプロといわれる人が「不況は商人を育てる」と言っておられます。まさに近江商人も江戸時代の不況時に多く誕生しています。今日が不況であるのなら、いずれ好景気の時代が訪れることも期待できるでしょうが、現在の社会のシステムは大きく変わってきました。つまり慢性的な供給過剰となっています。収入が減ったから消費をしない、モノを買わないのではありません。かつて、商品の価格は作った人、つまり供給側の判断で商品の価格が決定されていましたが、いまや価格を決定するのはお客様である消費者、生活者の方に移っています。モノがない時代では、必要な商品を置けば売れました。そして大量仕入れ、大量販売で価格を低くして販売することができました。しかし、いま確実にシステムが大きく転換してきています。

こうした社会のシステムの変化を的確につかみ、さらに先人の偉大なる商売の知恵を活かしたいものです。

北海道開拓に挑んだ冒険心

年末の流通業は、とりわけ正月食品が売上の中心となり、年間をとうして最も売上が増大します。生活様式の変化で特別な迎春準備が薄れてはきましたが、それでも正月用の食材に人気が集まります。そして正月料理のメニューに欠かせないものに、数の子やニシン、ボウダラがありますが、現在のように食卓にのぼるようになった背景には、近江商人の北海道開拓にかける情熱と冒険心がありました。

すでに、サケやカニの缶詰の商品化をしたのが、近江商人であったことを紹介しましたが、缶詰の原料獲得の漁業の開拓に果敢に取り組んだのが、西川伝右衛門という近江八幡の商人でした。初代西川伝右衛門は江戸時代初期に行商から始めて、寛文年間（一六六一～一六七三）に松前の城下に店舗を開設し、松前藩の御用商人となりました。その後和船を建造して北前船活動を展開し、北海道と北陸・上方方面への産物回しを行って巨利を得ました。やがて松前藩の漁場の場所請け負い制度ができると、優良な漁場の場所請負人となって、海運業と漁業者を兼ねるようになっていきました。

当時の北海道は気候が寒冷で未開発な地域が多く、生活必需品の多くは内地に頼っていましたので、米をはじめ食料や衣類・小間物などの生活必需品が、近江商人によって北海道に運ばれ、北海道で商人が開発した海産物のサケ、ニシン、数の子、タラ、コンブなどが松前、江差などの港から上方へ運ばれていったのです。おせち料理に数の子やボウダラが登場した背景には、近江商人の北海道開拓と内地との交易があったのです。

松前など北海道で店を構えた近江商人は、北海道各地で漁業に多額の出資を行い、積極的な漁場を開発したので北海道のニシン漁は盛んになりました。現存するニシン御殿が往時の様子を伝えています。

江戸時代初期の北海道では、米が生産できず、内地の米に変わるものとしてニシンの存在があり、漁民への支払いにニシンを用い、ニシンは米に変わる存在でした。その証拠に松前藩では「鰊」という文字を使うことなく「鯡」という文字を用い、「ニシンは魚に非ず、海の米なり」と定義し、貴重な存在でした。

ところが、享保年間（一七一五～一七三五）に魚肥であったイワシの漁獲量が減ったこと と、ニシンの肥料の効果が大きいことからイワシにかわる肥料としてニシンが登場してきました。

魚肥の需要増大の背景には、全国の藩が殖産事業の振興に力を入れるようになったことがあげられ、その出荷額は飛躍的に伸びました。とくに藍、綿、ナタネ、タバコの栽培のための重要な高級肥料としてニシンが珍重されたのです。

元来北海道では、食料であったニシンをイワシ同様にまるごと肥料に用いるのではなく、一部を食料として出荷をはじめたのが近江商人でした。

漁場の開発と漁具の改良でニシンの漁獲量は増大し、腹部を干した端ニシン、背部を干した身欠きニシン、カズノコに分けられ、端ニシンや油を絞った後の「〆かす」が肥料とされました。このようすは、江戸時代の書物『魚名考』や北海道見聞記『東遊記』では、ニシンの本体を身欠ニシンとして、そしてその他を乾かせて肥料として出荷したようすを伝えています。

松前に入った近江商人は、漁場開発の権利を持つようになると漁具や漁法の改良に努め、奥地への漁場開拓を果敢に進め、生産高を増やすと同時に、ニシンなどの海産物を活かした商品開発を行ってきたのです。開発した商品は日本海を経由して上方の食文化の向上の一翼をになってきました。

郷土料理として有名な「三平汁」もかつては、生ニシンをぶつ切りにしてこうじと糠で漬けたものを使うのが本当でしたが、ニシンが採れなくなってからニシンに代わってサケが使われるようになったといわれています。

八幡の西川伝右衛門家文書では「阿らまき」の取引についての記録が残っています。二百年以上も前に、薄塩にして味を良くした「新巻」が登場しています。「荒むしろで巻いた」「塩を荒くまいた」から「荒巻」と呼ばれ、これが「新巻」となり、年末のご挨拶に恰好の商品として人気を得てきたのでした。

京都の名物ニシンそば、正月料理に欠かせない数の子や身欠ニシン、そして荒巻など、未開発地域での果敢に活躍した近江商人の夢を感じながら味わってみてはいかがでしょうか。北海道の開発という冒険心、肥料を食料に転換した新商品づくりの知恵、そして上方の食文化の育成、と近江商人は商人としての本分を存分に展開してきました。

ニシン漁のさかんな頃の作業風景（旧大橋家内展示写真より）

重要文化財に指定されている北海道江差町の旧中村家は、宝暦年間（1751～1763）の海産物問屋

利益は地域開発に還元

場所請け負い人として、北海道での漁業を盛大に行ってきた近江商人たちでしたが、急激な漁獲量の減少と、他地域からの商人の移入や幕府が北海道を直轄地としたことが原因となり、その勢力は次第に衰えました。それでも、明治時代まで北海道で活躍したのが、自前の船を持っていた西川家と岡田弥三右衛門家でした。西川家一〇代目の当主貞二郎は、先に紹介したカニ缶詰を開発した豪快な商人です。西川家や岡田家は漁場の開発で多くの富を得ましたが、一方で北海道の道路の開発にも積極的に投資し、漁場間を結ぶ道路をはじめ、道内の多くの道路の開削を行ってきました。こうした近江商人の地域への利益還元によって、一三代岡田八十次氏は、大正年間に北海道開発の功労者として開道五〇年記念祭で表彰を受けています。ここにも近江商人の三方よしの精神をみることができます。

冒険心と知恵、そして新しい文化をつくっていくこと、これが商人の真の姿ではないでしょうか。本書で近江商人の商売について十分な紹介ができたとは思っていませんが、その一端をぜひとも日常の売り場での行動に反映していただければ、混迷の時代を乗り切ることが可能となることと確信しています。

附　近江商人が残したもの

感謝の気持ちが、社会のために

近江商人の共通の理念の「三方よし」は売る人、買う人、双方が喜ぶという行為の上に、さらに社会のためになる「世間よし」の基本があった。

この「世間よし」の考えを現実に実践した結果が、利益の地域社会への還元であり、人知れずに社会公共のために彼らが残した歴史文化遺産が各地に残り、その商法や家訓は今に通じる深いあじわいがある。

愛読者カード

ご購読ありがとうございました。今後の出版企画の参考にさせていただきますので、ぜひご意見をお聞かせください。なお、お答えいただきましたデータは出版企画の資料以外には使用いたしません。

●書名

●お買い求めの書店名（所在地）

●本書をお求めになった動機に○印をお付けください。

1．書店でみて　2．広告をみて（新聞・雑誌名　）

3．書評をみて（新聞・雑誌名　）

4．新刊案内をみて　5．当社ホームページをみて

6．その他（　）

●本書についてのご意見・ご感想

購入申込書　小社へ直接ご注文の際ご利用ください。
お買上 2,000 円以上は送料無料です。

書名　（　冊）

書名　（　冊）

書名　（　冊）

郵　便　は　が　き

お手数ながら切手をお貼り下さい

５　２　２－０　０　０　４

滋賀県彦根市鳥居本町655－1

サンライズ出版 行

〒

■ご住所

■お名前《ふりがな》　■年齢　　歳　男・女

■お電話　■ご職業

■自費出版資料を　希望する　・　希望しない

■図書目録の送付を　希望する　・　希望しない

サンライズ出版では、お客様のご了解を得た上で、ご記入いただいた個人情報を、今後の出版企画の参考にさせていただくとともに、愛読者名簿に登録させていただいております。名簿は、当社の刊行物、企画、催しなどのご案内のために利用し、その他の目的では一切利用いたしません（上記業務の一部を外部に委託する場合があります）。

【個人情報の取り扱いおよび開示等に関するお問い合わせ先】
サンライズ出版 編集部　TEL.0749-22-0627

■愛読者名簿に登録してよろしいですか。　□はい　□いいえ

ご記入がないものは「いいえ」として扱わせていただきます。

陰徳善事の文化遺産

日野商人中井源左衛門、中井正治衛門の社会貢献

京都と大津を結ぶ東海道は、北陸や東北からの運ばれてきた米をはじめ多くの物資を運ぶ道として利用され、安政八年（一七七八）には、牛車だけでも年間に一万五八九四輌の通行がありました。

この区間は、大津側に逢坂峠、京都側に日ノ岡峠があり、通行の難所でしたが、京都の心学者脇坂義道が、ここに花崗岩を敷くという、今でいう舗装工事を提案し、文化二年（一八〇五）には、京都―大津間に「車石」と呼ばれる石板が二列に敷設され、牛車通行の便宜が図られました。この時の総工費一万両の中、日野中井家は京都店と本店から各百両ずつ拠出しています。

追分町の旧東海道の改修工事の年に発見された車石は、ほりあげられて大津市歴史博物館前などでみられます。

車石の敷設工事をはじめ、近江商人のなかでもとくに、日野商人中井源左衛門の子である正治右衛門（一七六五〜一八三八）の社会への寄付行為は圧巻で、その数は七九件、総額は当時の金額で八，六七八両に達してます。これにより苗字帯刀を許され、没後八〇年後の大正になって従五位が贈られました。

中井正治衛門は、車石の敷設に続いて、文化九年（一八一二）には、古来より東西の交通の要衝であった瀬田川に掛かる橋の架け替え工事へ協力を幕府に願い出ました。瀬田唐橋の掛け替え修理事業の総工事費は千両でしたが、正治右衛門は幕府に三千両の寄付を願い出、工費以外の二千両は利殖して、再び橋が老朽化した時の準備として提供したと伝わります。正治右衛門はこの事業の現場監督には自らが当たり、資材の吟味にも携わったといわれています。

さらにその後、文化一三年（一八一六）に、東海道と信楽への分岐点を示す道標を、草津川の川越えの渡し場に建立しましたが、この時は道標の設置とともに永代油料として銀二貫を添えています。唯一現存する本陣のある草津は、東海道と中山道の分岐点の宿場町として栄え、今も宿場町の面影を色濃く残していますが、中井正治右衛門が建立した常夜灯は、現在は移設されています。

日野商人のこころのふるさと馬見岡綿向神社への寄進

関東をはじめ全国各地に出向いた日野商人は、出店といわれる各地の店舗へは、単身赴任し、郷里の日野に残された嫁は、日常は主人が不在の生活で「関東後家」と呼ばれていました。普段は主人が不在の日野の留守宅も、春の馬見岡綿向神社の例祭には、大勢が帰郷しました。蒲生上郡の宗社として栄え、蒲生氏郷の氏神となった馬見岡綿向神社は、日野商人の多くの崇敬を集めていたのです。

現在は滋賀県の無形文化財の指定をうけている絢爛豪華な「日野まつり」は芝田楽《しばでんがく》をはじめ三社の御輿、一六基の曳山を中心に行われますが、神社の境内には、中井源左衛門はじめ多くの日野商人が寄進した拝殿や絵馬、灯籠、石橋などが残っています。境内の「千両松」は関東で財をなした商人が、儲けた小判を盆栽の根元に入れて持ち帰った折りに、帰郷の無事を感謝して境内にその盆栽の松を植えたものと伝わります。日野商人の心のふるさとである神社への多くの寄進は、まさにその財力と信仰心を物語っています。

東洋一と言われた豊郷小学校

豊郷での商人の発祥は、美濃紙の専売権利を持つ枝村商人が領主の保護を受けて活躍した中世に遡り、中山道に沿った町並みは、落ち着いた風情の民家が並び商業の近代化を目指した商人の心意気が感じられます。この町並みのなか、田園地帯に建つ豊郷小学校は、建設後六〇年余の年代を感じさせないモダンな、しかも周囲と調和した一体的なデザインをみせています。

この小学校の建設資金を拠出したのが、一二歳の時より丸紅の丁稚奉公から商魂を鍛え上げた古川鉄治郎です。丸紅の専務として伊藤忠兵衛に仕えた古川は、昭和一二年五月、当時六〇万円を豊郷小学校の建設資金として提供しています。

豊郷小学校の改築は校地や建設資金などの問題で村にとっては大きな苦悩の種であったのですが、鉄治郎の資金援助で救われました。県下で最古の鉄筋コンクリートづくりの校舎には、当時の最新の設備が整えられました。その設備は今の学校建設ではとうてい考えられない良質の設備で、「国運の進展は国民教育の振興にある」と考える鉄治郎の気概が感じられます。現在も田園地帯に建つ空間との素晴らしい調和を感じさせる校舎は「近江兄弟社」を創立したメレル・ヴォーリズの設計によるものです。

巨万の富を得た薩摩治兵衛とパトロンに徹した三代目

貧農の家に生まれた薩摩治兵衛は、江戸時代末期に日本橋の呉服問屋に奉公の後、木綿商として独立。横浜の開港と同時に輸入絹布で莫大な資金を得、その財力は黎明期の日本の産業振興に大きく貢献し、渋沢栄一でさえ、東洋紡績の設立には薩摩の協力を求めたほどの財力がありました。

二代目治兵衛は、もっぱら商売は番頭に任せて芸術を愛し、三代目の治郎八は若くしてイギリスに留学。さらにフランスに渡り、新しい音楽や芸術が誕生する時代のパリの社交界を中心としてフランスの文化を吸収しました。そしてその広い人脈で日本とフランスの文化交流に活躍しました。さらに、関東大震災後、財政が逼迫していた日本政府に代わって私財を投じてパリで日本館の建設を行っています。

無尽蔵な財力を背景に、パリの社交界の寵児となった薩摩治郎八は、自らの見返りを求めることなくパトロンに徹し、多くの日本人画家への援助を行うと同時に、所有の美術品をプラハの国立美術館にも多数寄贈しています。しかし、世界大恐慌のあおりで、薩摩商店は閉店。資金源を断たれた治郎八は、無一文で帰国し、その後はパリでの生活を伝える著作を執筆しつつ、徳島で余生を過ごし一九七六年七六歳で亡くなりました。

日本の城郭をイメージしたパリ日本館はピエール・サルドウーの設計で、玄関脇にはフランス語で「日本館―薩摩財団」と記されています。館内には藤田嗣治の壁画が飾られ、建設資金は十億円を越えるといわれます。現在も多くの日本人留学生が利用している日本館の建設の功績により治郎八は、レジオン・ドヌール勲章を授与していますが、常に自らの見返りを求めることなく芸術と芸術家を愛し、日本とフランスの文化交流につとめてきた特異な近江商人の系譜につらなる人でした。

豪商へ、はじめの一歩

卸行商に工夫した初代小林吟右衛門（一七七七〜八五四）

二〇歳頃から行商を始めた吟右衛門は、各地の農村のよろずや商人に別に送った商品を委託し、自分は身の回り品を天秤棒に担いで巡回するという新しい行商の方法を始めました。多くの商品が扱えて利益も上がりますが、委託先の商人の信用度やその土地の好みなどを見抜く眼力と商品入れの資金調達ができる信用を必要としました。

商いの志を受け継いだ五代外村与左衛門（一六八二〜一七六五）

上層農家の外村家を継いだ五代目は一九歳のころから持ち下り行商を始めたものの、長い間思うように利益を産むことはありませんでしたが、あきらめず荷物の運送に馬や飛脚を利用する大型行商に励むことで外村家を建て直しました。子孫もこの方法を受け継ぎ大阪や京都に店を設けていったのでした。

独立自営を決意した初代正野玄三（一六五九〜一七三三）

自己資金がなく親類縁者から四〇〇両の営業資金を調達して独立の行商を始めた初代正野玄三は「自戒七ケ条」をつくり自分自身を律して行商を開始しました。自分の恵まれた境遇に甘えず返済することを自分に誓うためのこの条文は、決めたことは必ず実行する強い自立心があったことを示しています。

合理的な判断力の三代市田清兵衛（一六三六〜一七一四）

上州安中宿の有力な宿役人を根城として上州一帯を小間物行商し、土地の産物を名古屋・京都の有力商人に送りだすことに成功した三代目は、宝永四年（一七〇七）に安中宿を引き払い、上州高崎に開店した時、小間物の取扱を中止しました。遠隔地での取引は利幅の大きい繊維品が有利だと合理的判断によるものでした。

近代商法の先駆を開発した　初代中井源左衛門（一七一六〜一八〇五）

悲運の中、一九歳で家運挽回を図って関東へ出向き合薬行商で元金を増やした初代は、次に太物（呉服）を取扱商品に加え、地元の商人と共同で質屋を営みました。栃木県大田原の出店に続いて東国から畿内へと次第に出店網を張りめぐらし行商をはじめた時の元手二〇両は晩年には十万両に膨れていました。

機転を利かせた不屈の闘志の人初代市田弥一郎（一八四三〜一九〇六）

一三歳より行商をはじめ、東海道の持ち下り行商をしていた初代は明治七年（一八七四）、持ち下り行商に見込みはないと決断し、東京に小さな京呉服店を開業しました。二度も類焼の災難に見舞われましたが、持ち前の機転を利かせて小資本を活用し首都東京に商売の基盤を築き上げました。

時世を読む力に富んだ初代西川甚五郎（一五四九〜一六四四）

近江と能登の間を蚊帳と塩干物を商品として「のこぎり商い」に従事していた初代は、八幡で畳表の生産が盛んになると、商品と販売方法を一変して売り子を使って東海道方面への販売に乗り出し元和元年（一六一五）には江戸日本橋の一等地に店舗を構え、商品開発と販売方法に工夫を施しつつ、時流をうまく取り込んだ商売を行いました。

出店立地に着眼した　初代山中兵右衛門（一六八五〜一七七四）

日野塗物師の子として生まれた兵右衛門は本家の倒産によって行商に駆り立てられました。二〇歳から日野と御殿場との行商に励み、御殿場が地方経済の中心であるという立地の良さに着眼して此処に日野屋を開店しました。御殿場は宿町であり商品運搬の道、富士参詣の道者道で将軍への献上のお茶壺道中の通る道でもあったのでした。

逆境をバネに北海道交易　初代岡田八十次（一五六八〜一六五〇）

初代は蒲生郡加茂村（現：近江八幡市加茂町）の出身で、政変によって安土から八幡城下へそして八幡の廃城で南部方面へ行商にでかけました。さらに北海道に渡り松前城下で店舗を構えたといわれています。政変で商売の場所が次々と変わるという逆境にもめげず北海道交易で大きな資産を築いたのでした。

孝心に支えられた勤勉初代塚本定右衛門（一七八九〜一八六〇）

父の臨終の枕元で、家を興すことこそ孝行の第一と聞かされた定右衛門は「小町紅」をもって東日本への行商を始め、甲府を行商の中心地に選び、文化九年（一八一二）には小間物問屋を開き「かせがずにぶらぶらしてはなりませぬ、一文銭もたのむ身なれば」の短冊を風鈴にして商売に励んだといわれています。

時代を見通す決断力の初代伊藤忠兵衛（一八四二〜一九〇三）

商家に生まれた忠兵衛は一一歳から行商の経験を積み、一五歳で近江麻布の持ち下り行商を始め、開港した長崎の繁栄ぶりを見物して、貿易の実情に触れ大きな感銘を受けました。その後長州征伐も機敏に対処し商機に転じ、維新後の状況を的確に判断して行商から大阪出店へと時代を見通した決断を実行していきました。

多店舗展開を工夫した初代矢尾喜兵衛（一七一一〜一七八四）

三九歳で同郷の矢野新右衛門の秩父出店から別家して酒造業を創業した矢尾喜兵衛の商法は多店舗展開でした。当初、多種類の日用品を取り扱うよろず小売商や質屋も兼業してていましたが、地元の商人から酒造道具を居抜きで借受け、奉公人を送り込み、小額の資本でも多数の開店を可能としたのでした。

近江商人珠宝の商法

経費の削減と薄利に徹する「始末・倹約の精神」

「不正粗末之品を取扱申間敷事、並に高利を望む事無用也。思入商内訳て無用の事」八幡、市田清兵衛の家訓です。近江商人は例外なく手堅く商売をすることをいましめています。一回の取引で多くの利益を得るのでなく、顧客が喜び、取引の永続性を追求しているのです。多くの利益を求めずに薄利で商いをするから回転率を高める必要があり、その背景には経費節減、無駄な支出の削減という始末・倹約がありました。

民間の不況経済支援「お助け普請」

天候や自然災害の状況が景況を大きく左右した時代には、その年の作物の生産状況がすぐに人々の生活を圧迫することとなりました。本宅を近江に置いていた近江商人は、こうした凶作が続いて不況となった時期には、本家の改築や修理を行うことが多くみられます。近江日野商人館や豊会館は不況期に建設されています。これは、新しい事業を行うことで、地域の経済活性化を狙った行為で、近江では「お助け普請」といいました。現在の不況時の公共事業の前倒しと同様のことを民間活力で行っていたのです。

権力に屈しない商売　「利真於勤」

「人生は勤むるに在り、……　勤は利の本なり、よく勤めておのずから得るは真の利也」投機商売、不当競争、買占め、売惜しみなどによる荒稼ぎ、山師商法や政治権力との結託による暴利でなく、本来の商活動に励むというのが「勤」の意味です。とくに近江商人は権力と直結した御用商人になることを避けていましたが、それでも大店ともなれば、大名や武士に多くの資金を融通することも少なくはありませんでした。しかし、資金を融通したからといって、見返りを求めたり、その権力を利用した商いを行うことを厳に慎んでいたのです。

経営者の社会的責任「好富施其徳」

商いをする以上、大きな富を得ることは悪いことではありません。しかし、大きな富を得ると同時に、世間で評価される徳を積まねばならないと戒めているのが、この言葉の意味です。得た富に応じた社会的責任の重要性を説いています。近江商人は大きな商いをするようになっても自己の生活を華美にすることなく始末・倹約をあくまで守り、得た利益は社会に還元したのが大きな特色です。

自己の利益のみを優先しない商売「共存共栄」

「自己も利し、他人も利し、すなわち共存共栄の精神によって営業に専念することが商人道の真骨頂である。金儲けには手段を選ばぬやり方は、われわれの断じてとりたくないところである。」と丸紅の古川鉄治郎専務が、かつて「商人道を語る」の中で語っています。つまり、売り手よし、買い手よしが商いの神髄であるというのです。

能力重視の雇用「初登り」

日本的な経営の特徴である終身雇用の制度は大きな変換期に差し掛かっていますが、江戸時代の雇用関係は、現在の労働力の提供とは別に、店で修行して一人前の商人となるための「教育」という意味が深く根ざしています。

一定の年季（雇用契約期間）が明けると、見込みのない者は郷里に戻され、主人の眼鏡にかなった者だけが引き続いて雇用されるという形態が通常でした。現在のリストラとは、意味が異なりますが、年数を限って本人の能力に応じた昇進が行われていました。

担保の保証　庶民金融のさきがけ

バブル経済の崩壊は担保能力以上に実行された融資が大きく影響し、現在もなお大きな問題を残しています。近江商人は商品の売買で得た利益で、庶民の生活に必要な資金を用立てる質屋を開業した記録が多く残ります。しかし、近江商人が行った貸金業は、決して担保能力以上の資金の融通をすることなく、預かった担保を保証していたというところが、現在の消費者金融と大きく異なります。

企業の私物化を許さず「先祖の手代なり」

近江商人の店は暖簾の内、外でその経費の使途をはっきりと区別していました。主人の用向きで店から中元を送った場合には、店はその代金は主人の借りとして代金を支払わせています。たとえ、店に多くの金があっても、決して私的な用向きに使うことを禁じていたのです。主人といえども僅かな間、先祖様の手代として奉公しているという考えが浸透していましたので、店の資産は主人の私有財産とは考えていませんでした。

適切な商取引のチェック機能「帳合」

一日の営業が終わると、夕食前に店の全員が集められて、一日の記帳の突き合わせが行われました。これを「帳合わせ」といい、照合できる取引記入二つにそれぞれ照合印を押して、全部が照合されると取引は複記されたと確認します。毎晩、完全に照合が済むまで食事はできません。こうして不正な商取引が行われていないことを、全員で確認する機能があったのです。

経済後進地域への販売戦略「愚鈍な進取」

商売は才覚と算用が大事といわれますが、近江商人は目の前の変化に機敏に乗るような才覚ではなく、長期的判断にたって行動するのが本領でした。商いは愚鈍ともみえる慎重さでありながら、時代の変遷を冷静な判断で見つめながら、すばやく行動を起こしました。国産を奨励しはじめた各地へ、いち早く歩を進めたことからもその進取な気性をうかがうことができます。

再利用可能な商品を買う姿勢「ためによい」

長期的な展望で商いを行ったのと同様に、生活もまた長い年月の使用に耐えうる物を購入しています。「ためによい」と言葉の裏には上等なものという以上に、耐久性があり再利用が可能な物という意味が込められています。少しぐらい高価であっても長い年月、親から子へ孫へと代々使用できる物を買い求めました。こうしたことは、結果的に安い買い物をしたこととなるという考えから、無駄な支出を戒めていたのです。

経営適任者の厳しい選定「押込隠居」

たとえ主人であってもご先祖様の奉公人であるという考え方は、家や財産を主人個人の所有物と考えていませんでしたから、万一、主人に不都合があると、店の支配人クラスの人々の合議の上、退陣を要求して営業から離れてもらう処置をしています。また相続人についても、能力がない、不適切と認められると親子の情を忍んで、別に有能な人物に相続をさせるという処置をとっています。経営の最高責任者は、周囲からの厳しい基準で選定されたのです。経営能力に欠陥があると判断した主人を失脚させることを「押込隠居」といいました。

●参考文献

江南良三著　『近江商人列伝』　サンライズ出版
小倉栄一郎著　『近江商人の系譜』　社会思想社
小倉栄一郎著　『近江商人の経営』　サンブライト出版
小倉栄一郎著　『近江商人の金言名句』　中央経済社
五個荘町史編纂委員会編　『五個荘町史』　五個荘町
江頭恒治著　『江州商人』　至文堂
朝日新聞大津支局編　『近江商人』　かもがわ出版

近江商人に学ぶ

2003年9月1日　初版1刷発行
2018年8月1日　2版1刷発行

編　著　サンライズ出版編集部
発行者　岩根順子
発行所　サンライズ出版
〒522-0004 滋賀県彦根市鳥居本町655-1
TEL 0749-22-0627/FAX 0749-23-7720
http://www.sunrise.pub.co.jp/
印刷所　サンライズ出版株式会社

落丁・乱丁本はお取替え致します。定価はカバーに表示しています。
ISBN978-4-88325-238-1　C2033